サンエイ新書
16

新選組
その始まりと終わり

時空旅人編集部 編
Jikutabibito henshubu

はじめに　新選組は何のために戦いそして散っていったのか？

激動の幕末において江戸で集められた浪士たちは、京都にて治安維持部隊として活躍した。これが「新選組」である。数々のテレビドラマや映画、漫画などのモチーフとなり、その勇姿は今も語り継がれている。

しかしフィクションではない彼らの真実の姿は一体、どのようなものだったのだろうか。幕府に忠誠を尽くし武士道を貫いた男たち、あるいは権力の下で厳しい粛清を繰り返した冷徹な部隊。そのどれもが彼らの側面として正しく、ひとつに括れないからこそ興味は尽きない。

明治維新を迎え、新選組は朝敵として歴史の地層に埋もれていく存在だった。しかし大正12年（1913）に生き残った隊士のひとり、永倉新八のインタビューが小樽新聞に連載された。そしてその証言を皮切りに少しずつ彼らに対する再評価が始まった。特に知られているのが子母澤寛《しもざわかん》が昭和3年（1928）に著した『新選組始末記』である。これは関係者に取材した記録として新選組研究の原典ともされるものである。その後、続々と当時の資料が発見されるなかで生まれたのが司馬遼太郎の小説『燃えよ剣』である。主人公・土方歳三が、尊王攘夷という思想を超えて、己の志に従って生きた姿が鮮やかに描かれている。近藤勇、土方歳三、沖田総司、山南敬助……、それぞれの強く美しい生き様が読者を魅了し、映画やドラマ化もされた。これは今日の新選組に関する創作にも大きな影響を与えている。

新選組の評価はこのように時代によって変わっていった。そしてこれらの作品や資料には「勝てば官軍」に対して、賊軍とされた敗者たちへの鎮魂の思いが込められている。

（国立国会図書館蔵）
近藤 勇《こんどういさみ》
天保5年（1834）～慶応4年（1868）

（国立国会図書館蔵）
土方歳三《ひじかたとしぞう》
天保6年（1835）～明治2年（1869）

新選組　その始まりと終わり　目次

第一章　泣く子も黙る壬生浪士の誕生

第二章　鬼の集団、落日へと向かって

第三章　新選組最後の戦い、北の大地へ

第四章　剣客集団「新選組」の素顔

第五章　「新選組」の、その後

本書は2012年11月24日に発売された「男の隠れ家特別編集 時空旅人 Vol.11 結成150年 新選組 その始まりと終わり」と、2017年8月4日に発売された「サンエイムック 時空旅人ベストシリーズ 新選組 その始まりと終わり」をベースに、一部企画内容を変更、ならびに加筆・修正をして再編集した新書です。一部情報に関しては掲載当時のものも含まれます。

第一章　泣く子も黙る壬生浪士の誕生

1863年
文久3年

2月8日～
2月23日

江戸の浪士たち、都へ

幕府の屋台骨が揺らぎ、都で天誅の嵐が吹き荒れる

嘉永6年（1853）6月3日、ペリー率いるアメリカ東インド艦隊の軍艦4隻が浦賀沖に来航した。翌年、日米和親条約が締結されると、歴史は大きく動く。後世、幕末と呼ばれる激動期に突入したのである。安政5年（1858）6月、時の大老・井伊直弼《なおすけ》が朝廷からの勅許を得ずに、日米修好通商条約を調印したことで、世情は険悪になっていく。

勤王派と呼ばれた一団は、井伊の違勅に対する反対運動を激化させていった。それに対して井伊は徹底した弾圧に出る。世にいう安政の大獄だが、こうした幕府の政策を強力に推し進めようとする勢力も台頭。いわゆる佐幕派である。一時、井伊の徹底した弾圧で勢いを失ったかに思えた勤王派だが、桜田門外で井伊が暗殺されると再び勢いづく。

文久2年(1862)には江戸城坂下門外で、老中安藤信正が勤王派に襲撃される事件も起きた。以後、京を中心に「天誅」と称するテロ事件が頻繁に勃発する。文久年間(1861~64)に起きた天誅は97件で、すべて勤王派が佐幕派を血祭りに上げたものであった。

さらに過激な攘夷派のなかに、江戸の外国公使館を襲撃する者まで現れた。こうした事態を打開するために、十四代将軍徳川家茂《いえもち》の上洛が検討されたのである。文久2年2月に孝明天皇の実妹である和宮《かずのみや》と婚姻した家茂は、多くの国難を打開するための策、公武合体の切り札であった。

11月になると三条実美《さねとみ》らが勅使となり、幕府に攘夷の実行などに関する件を具申した。そして12月5日、ついに家茂は勅使に、「上京して委細を天皇に申し上げる」という返事をする。こうして三代将軍家光の上洛以来、200年以上も行われていなかった将軍の上洛が、既成事実となったのであった。

京の治安維持を目的として関東一円の浪士達が集まる

将軍が上洛するにあたり、幕府は京の治安維持のため尽忠報国《じんちゅうほうこく》の士を募った。将軍上洛に先がけ、関東一円の浪士を京に送り、治安対策に当たらせるという策である。この計画の発案者は庄内出身の清河八郎という活動家であった。清河は懇意にしていた幕臣の山岡鉄太郎（鉄舟）を通じて松平上総介とつながり、幕府に浪士組結成の献策の道筋をつけた。

そして文久3年（1863）1月初旬から参加希望浪士の公募を開始する。当初は50名ほどと思われていた応募者は、予想をはるかに超える230余名にも及んだ。そのなかに、近藤勇が道場主を務めていた試衛館の門人や食客たちの姿もあった。

近藤や土方の出身地である多摩郡一帯の大部分は天領であったため、将軍家への忠誠心が強かった。同時に天皇を敬う精神も人一倍強い。

「事あらば　われも都の村人と　なりてやすめん　皇御心」

これは近藤が入洛した際に詠んだ歌だ。これで近藤の精神が「尊皇佐幕《そんのうさばく》」だということがわかる。それだけに王城の地に趣き、将軍を警護するという役目は、何ものにも代え難い喜びを感じていたに違いない。

この浪士組応募に応じた主な面々は天然理心流師範代の沖田総司、様々な流派を身に付けた後、近藤の門人となった山南敬助、神道無念流の永倉新八、北辰一刀流の藤

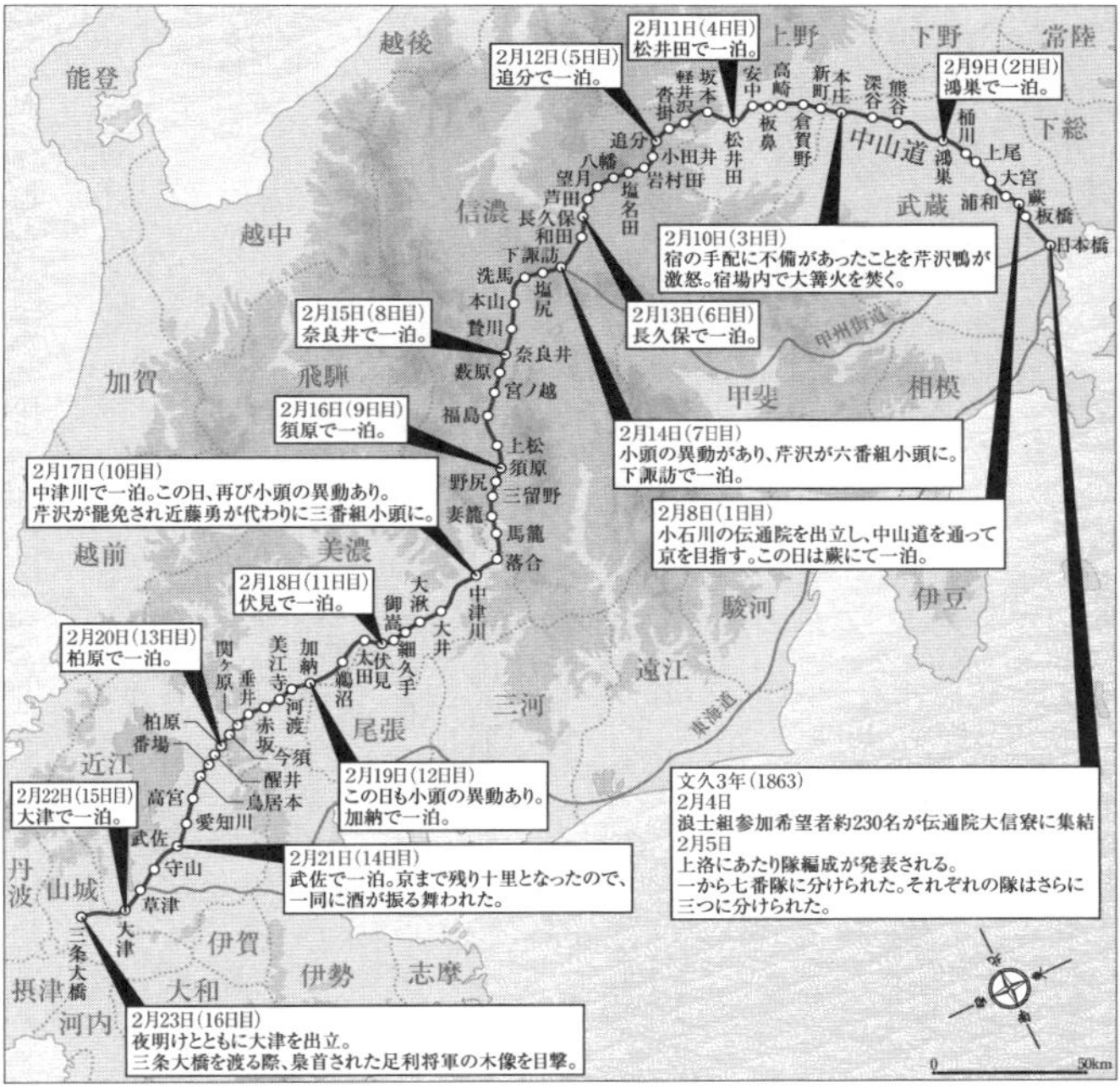
2月11日(4日目)
松井田で一泊。
2月12日(5日目)
追分で一泊。
2月9日(2日目)
鴻巣で一泊。
2月10日(3日目)
宿の手配に不備があったことを芹沢鴨が激怒。宿場内で大篝火を焚く。
2月13日(6日目)
長久保で一泊。
2月15日(8日目)
奈良井で一泊。
2月16日(9日目)
須原で一泊。
2月14日(7日目)
小頭の異動があり、芹沢が六番組小頭に。
下諏訪で一泊。
2月17日(10日目)
中津川で一泊。この日、再び小頭の異動あり。
芹沢が罷免され近藤勇が代わりに三番組小頭に。
2月8日(1日目)
小石川の伝通院を出立し、中山道を通って京を目指す。この日は蕨にて一泊。
2月18日(11日目)
伏見で一泊。
2月20日(13日目)
柏原で一泊。
2月19日(12日目)
この日も小頭の異動あり。
加納で一泊。
2月22日(15日目)
大津で一泊。
2月21日(14日目)
武佐で一泊。京まで残り十里となったので、一同に酒が振る舞われた。
文久3年(1863)
2月4日
浪士組参加希望者約230名が伝通院大信寮に集結
2月5日
上洛にあたり隊編成が発表される。
一から七番隊に分けられた。それぞれの隊はさらに三つに分けられた。
2月23日(16日目)
夜明けとともに大津を出立。
三条大橋を渡る際、梟首された足利将軍の木像を目撃。
越後
能登
上野
下野
常陸
下総
越中
信濃
武蔵
中山道
甲州街道
加賀
飛騨
甲斐
相模
越前
美濃
駿河
伊豆
遠江
三河
尾張
東海道
近江
丹波
山城
伊賀
伊勢
志摩
摂津
大和
河内
日本橋
板橋
蕨
浦和
大宮
上尾
桶川
鴻巣
熊谷
深谷
本庄
新町
倉賀野
高崎
板鼻
安中
松井田
坂本
軽井沢
沓掛
追分
小田井
岩村田
八幡
望月
塩名田
芦田
長久保
和田
下諏訪
塩尻
洗馬
本山
贄川
奈良井
藪原
宮ノ越
福島
上松
須原
野尻
三留野
妻籠
馬籠
落合
中津川
大湫
大井
細久手
御嵩
伏見
太田
鵜沼
加納
河渡
美江寺
赤坂
垂井
関ヶ原
今須
柏原
醒井
番場
鳥居本
高宮
愛知川
武佐
守山
草津
大津
三条大橋
0
50km

浪士組上洛の道筋

浪士組は上洛に当たり隊編成が成された。一から七番までの組に分かれ、それぞれの組がさらに三隊に分かれていた。最初、三番組新見錦の小隊に井上源三郎、六番組近藤勇の小隊に山南敬助ら試衛館の面々と平山五郎、平間重助、野口健司ら芹沢一派がいた。途中で小頭やメンバーの入れ替えもあった。道中で殺傷沙汰は起こらず、無事に上洛することができた。

堂平助などだ。それに多摩郡に拠点を置いていた土方歳三と井上源三郎も、浪士組応募に参加している。

そして文久3年2月8日、江戸小石川伝通院に集められていた浪士組約230名は、中山道を経由して京へと向かったのである。上洛の際、近藤一派は水戸の天狗党出身というふれ込みの芹沢鴨一派とまぜこぜになり、ふたつの小隊に分かれた。このことが、新選組発足の大きな要因になったことは疑う余地はない。

道中、芹沢一派による大篝火《おおたきび》事件なども起こったが、江戸を出立して16日目の2月23日、一行は無事に京の三条大橋を渡る。その際、梟首台《きょうしゅ》に晒された足利将軍の木像の首を見た。上洛する徳川将軍を嘲《あざけ》るもので、一同に緊張感が走ったと思われる。

清河八郎《きよかわはちろう》

天保元年（1830）、出羽国清川村に生まれる。浪士組の結成を画策し上京するが、近藤や芹沢と袂を分かち江戸へ戻る。その直後の文久3年(1863)、江戸麻布一之橋にて暗殺される。

（清河八郎記念館蔵）

1863年
文久3年

2月23日～
8月13日

浪士組から新選組が誕生

清河の策略をよしとせず京都残留を決めた面々

京の西方に位置する壬生《みぶ》村に落ち着いた浪士組に、文久3年2月23日の夕方、本部が置かれた新徳寺に集まるようにとの命が下る。主だった者たちが集まると、清河八郎が切り出した。それは御所学習院に「幕府と距離を置いて尊皇攘夷、勤王活動に邁進する」という主旨の上書を提出する、ということであった。

翌2月24日、上書は提出され、29日には再び新徳寺に浪士組が集められた。そこで清河は、前年に起こった生麦事件（島津久光の行列を馬で横切った英国人が無礼討ちにされた事件）の報復に、英国艦隊が横浜に到来していることを告げる。そして英国との戦争になるやも知れぬので、その対応のために江戸に戻る、と宣言したのだ。3月3日には朝廷から「速やかに東下すべし」という沙汰書も下された。

将軍家茂は4日に上洛する。そもそもの目的であった家茂上洛に先んじての治安対策も行わず東に帰ることは、近藤勇や土方歳三にとっては許し難いことであった。血気盛んな近藤のことだ。「拙者は御免こうむる！」と大音声で叫び、その場を離れたかもしれない。

あくまで京に残り、都の治安維持に固執する近藤一派と芹沢一派を残し、大部分の浪士達は3月13日、東帰の途についた。残留組は前年の暮れから京の守護を担っていた会津藩を頼る。そして24名からなる治安維持組織の設立が認められ、会津藩の傭兵的な地位を得た。

京の都にその名を轟かす事件を起こした浪士達

壬生に本拠を定めた一同は、当初「壬生浪士組」と呼ばれた。壬生の郷士、八木源之丞《やぎげんのじょう》の屋敷を幹部宿舎とした。やがて八木邸では手狭になったので、向かいの前川荘司邸を屯所とした。ここを拠点に市中の見回りに出たり、将軍家茂の道中警護に当たったりしていた。

しかし騒ぎを起こすことも多かったのである。文久3年（1863）6月3日、大坂に出張していた芹沢鴨、山南敬助ら8人は、腹痛を訴えた斎藤一《はじめ》を介抱するため北新地の住吉楼に向かっていた。するとひとりの力士と遭遇。芹沢と揉め事を起こし、芹沢が力士を殴り倒した。

さらに蜆《しじみ》橋では別の力士と遭遇し、再び揉め事となる。全員で力士を倒した後、北新地の茶屋で休んでいると、30人ほどの力士が復讐にやって来た。力士達は樫の棒を持っていて、表に出てきた浪士達に向かい襲いかかってきた。猛暑のため稽古着に脇差という軽装だった浪士達は、それでも4人を斬り倒し、10人以上に怪我を負わせた。荒っぽいことで知られた力士側に多くの死傷者を出したことで、壬生浪士の名は世間に知れ渡ることになった。

その後、力士たちとの和解の意味を込め、8月12日に壬生で相撲興行が行われた。そしてその日の深夜、芹沢らは尊皇攘夷派の天誅組に軍資金を提供したとされる豪商、大和屋に押しかけ、土蔵に火をかけてしまう。その原因となったのは、芹沢が大和屋に対して軍資金の借用を申し入れたが、主人の不在を理由に断られた、というもの。

こうした粗暴な振る舞いから、壬生浪士組は京の人々から「壬生狼《みぶろ》」と恐れ蔑まれるようになる。また芹沢鴨の傍若無人の振る舞いが、彼らを預かる会津藩の重臣らの目にも留まり、自らを破滅へと追い込むことになってしまうのだ。

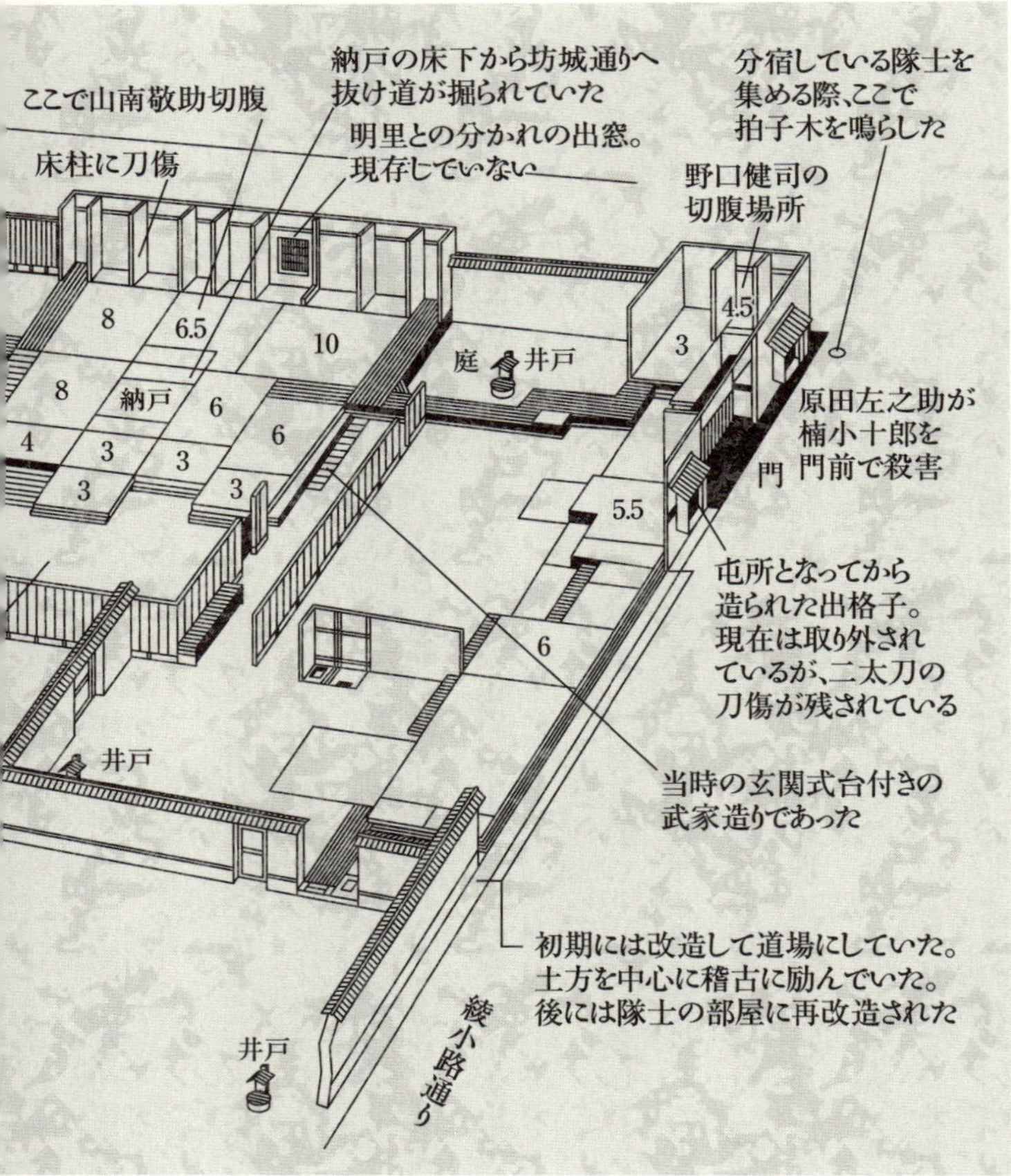
納戸の床下から坊城通りへ
抜け道が掘られていた
分宿している隊士を
集める際、ここで
拍子木を鳴らした
ここで山南敬助切腹
明里との分かれの出窓。
現存していない
床柱に刀傷
野口健司の
切腹場所
8
6.5
10
4.5
3
庭
井戸
8
納戸
6
6
4
3
3
3
3
原田左之助が
楠小十郎を
門前で殺害
門
5.5
屯所となってから
造られた出格子。
現在は取り外され
ているが、二太刀の
刀傷が残されている
6
井戸
当時の玄関式台付きの
武家造りであった
初期には改造して道場にしていた。
土方を中心に稽古に励んでいた。
後には隊士の部屋に再改造された
井戸
綾小路通り

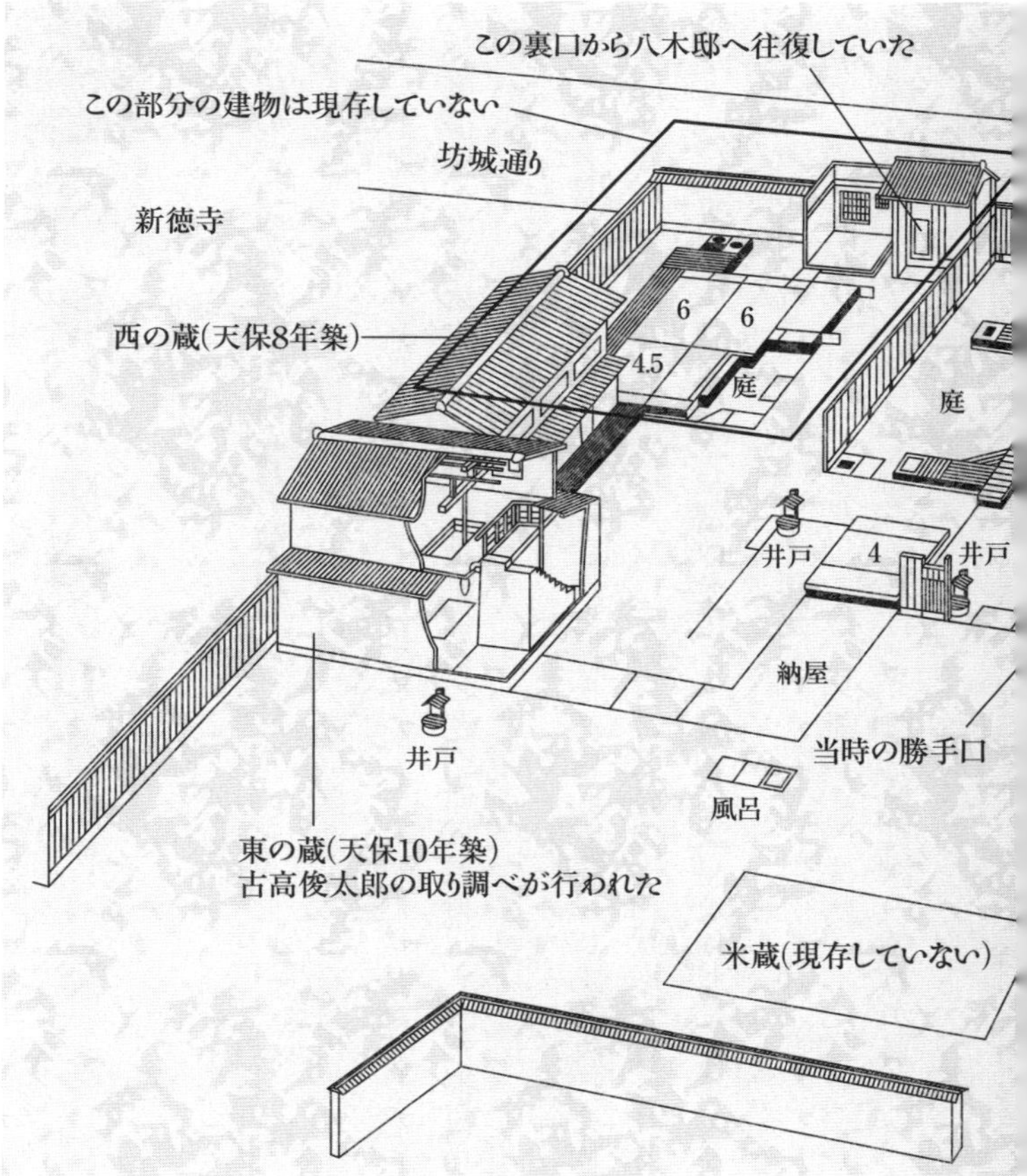

新選組屯所
前川邸見取り図

文久３年(1863)から約２年間にわたり、向かいの八木邸と共に新選組の屯所が置かれた前川邸。現在も京都市中京区にほぼ当時のままの姿を残している。前川家は奉行所や京都所司代にかかわる公職を務めていた関係で、浪士組の宿舎に選ばれた。現在内部は非公開。

1863年
文久3年

8月18日～9月18日

戦いと粛清の日々

浪士組の存在感を示した八・一八の政変

文久3年（1863）8月頃の京の政情は、尊皇攘夷を訴える長州藩が実権を握り、幕府に対して様々な無理難題を押しつけていた。こうした情勢を快く思っていなかった薩摩藩は、密かに京都守護職の地位にあった会津藩に接近。長州藩排斥のクーデターを画策していた。

そして8月18日未明、武装した会津と薩摩の藩兵が御所にある九門を固め、長州藩の人間が御所に入れないようにした。その日は天皇の大和行幸が行われる予定であった。これに合わせ天誅組が天皇親政を唱え、大和で天皇を擁して討幕の挙兵が行われる計画がなされていたのだ。

結局、その日の大和行幸は延期となり、急進派の三条実美ら七卿と長州勢力が御所から締め出された。こうしてわずか一日で、尊皇攘夷派の勢力が京から一掃されてしまった。

これは八・一八の政変と呼ばれている。この時、会津藩預かりの身であった壬生浪士組にも、正午近くになり動員命令が下された。朝から出動させられなかったのは、やはり浪士という身分が憚《はばか》られたからであろう。現に御所の蛤御門に着くと、守備の会津兵に誰何《すいか》されている。

この政変では長州藩からの反撃はなく、浪士達が実戦で活躍する機会は生じなかった。それでも御所の御花畑門をしっかりと守り固めた姿が高く評価される。そしてその褒美に、会津藩では伝統ある精鋭部隊に付けられる「新選組」という隊名を与えられたのであった。

遂に血の粛清が断行され芹沢一派が排除された

尊攘派が京から一掃され、政局が一旦落ち着いた9月18日、京の花街島原にある角《すみ》屋で、壬生浪士の宴会が開かれた。会津侯からの手当が出ているところから見ると、先の政変に出動したことに対する慰労の名目で開かれたのであろう。しかし本当の目的は別にあった。

芹沢一派による数多くの乱暴狼藉は、浪士組を預かる会津侯松平容保《かたもり》の耳にまで届いていた。特に政変直前に起こった大和屋焼き討ち事件は重く見られていた。そこでまず芹沢一派の新見錦《にいみにしき》を、度重なる隊の法令違反のかどで切腹に処した。9月14日のことである。

これで芹沢一派の横暴は一時収まったかに見えたが、すぐに隊則破りを繰り返したのである。そこで遂に会津公用方から近藤らに呼び出しがあり、芹沢一派を捕縛するように、との沙汰が下された。

八木邸に残されている芹沢鴨が足をとられた文机。隣りの部屋で寝ていた芹沢は、暗闇のなか移動し、この文机につまずいた。鴨居には襲撃の際に付いた刀傷が残されている。

宴会当日、芹沢一派を角屋に呼び出し宴席を設けた。上機嫌の芹沢は夕方になると八木邸に引き上げ、平山五郎、平間重助らと飲み直し始める。そこには土方歳三、沖田総司も加わっていたといわれる。芹沢ら3人はそれぞれ愛妾を呼び寄せ、大いに盛り上がったようだ。土方も酒をすすめて3人を酔いつぶした。

その夜、土方と沖田ほか4人（他のふたりは諸説あり）が刺客となり、酔いつぶれている芹沢と平山を殺害。平間は愛妾と共に遁走し、以後は消息知れずとなった。

コラム

新選組の装備は実戦本位であった

壬生浪士組が結成したばかりの頃、活動資金がないどころか、鼻紙を買うことすらままならなかった。刀がなければ武士にも見えない。そこで文久3年（1863）4月頃、大丸呉服店に隊服を作らせている。それが有名な浅葱《あさぎ》色にダンダラ模様、誠の一文字を染め抜いたもの。しかしあまりに派手で、新選組の出役が誰の目にもわかってしまうため、2年ほどしか使われていない。

新選組の大きな特徴は、鎖帷子と呼ばれる着込みを多用していたことだ。今風にいうなら防弾チョッキのようなもので、これを着込んでいれば刀で斬り込まれても、簡単には致命傷にならない。重量があるため、動きは制限されてしまうが、実戦では頼りになった。

近藤勇や土方歳三をはじめ新選組の隊士たちは、刀にもこだわりを持っていた。沖田総司が菊一文字を所有していた、という説もあるが、この時代でも国宝級の刀で、大名でも手に入らない業物。さすがにそれは定かではないが、みな名だたる名刀を所持していた。

土方歳三の遺品と伝えられている鎖帷子と籠手。池田屋事件の際に着込んでいたものといわれる。あくまで戦いに勝つことに主眼を置いた装備。
(土方歳三資料館蔵)

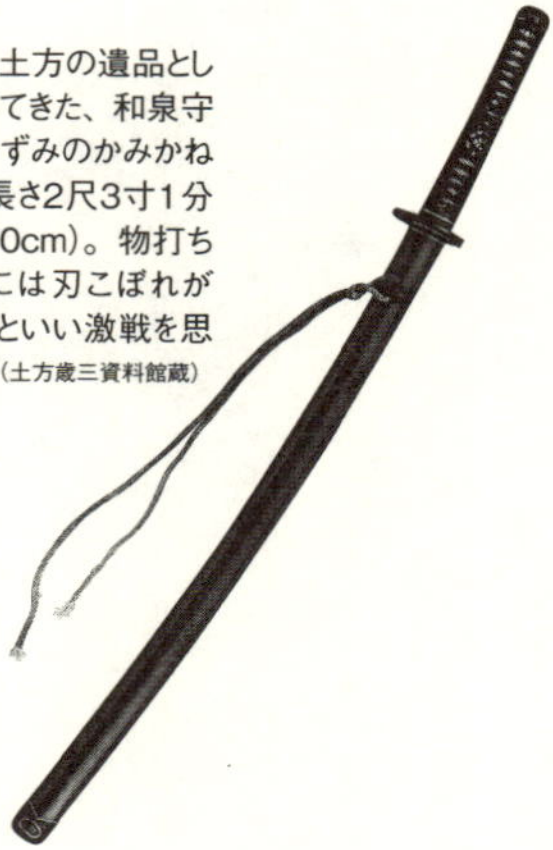

函館から土方の遺品として運ばれてきた、和泉守兼定（いずみのかみかねさだ）。長さ2尺3寸1分6厘(約70cm)。物打ちの部分には刃こぼれが見られたといい激戦を思わせる。(土方歳三資料館蔵)

1864年
元治元年

6月5日～
9月

新選組の絶頂期、動乱の序章

新選組最大の見せ場、池田屋事件で勇名を馳せる

新選組という立派な隊名をもらったことと、芹沢らがいなくなったことで、近藤と土方の結束はますます固まり、隊士達も日夜、不逞浪人の取り締まりに励んでいた。元治元年（1864）6月5日早朝、新選組は四条小橋で薪炭商を営む不審な商人を捕らえた。桝屋喜右衛門と名乗るこの男を壬生の屯所へ連行し拷問にかけると、自分の正体と共に恐るべき計画を白状した。

この男は古高俊太郎といい、筑前藩御用達商人として勤王志士達の武器調達係を勤めていた。そして来る6月20日前後の強風の日に御所に火を放ち、混乱に乗じて孝明帝を奪って山口にお連れする、という謀反計画である。実際、店の土蔵からは禁裏御所を焼き払うための道具が発見されている。すでに多くの長州志士たちが、身を変じて四条周辺に潜んでいるというのだ。

この5日は祇園祭の宵々山の日であった。新選組はすぐさまこの計画を京都守護職に報告。そして隊士34名を二分して探索に向かう。土方隊24人は祇園会所から鴨川の東を、近藤隊は10人で鴨川の西岸をしらみつぶしに探索した。近藤達は長州藩定宿の池田屋前に来た時、志士たちが集まり密会をしていることを察知する。土方達と合流するのを待っていては仕損じるかも知れない。

近藤は沖田、永倉、藤堂というたったの4人で池田屋に踏み込んだ。「旅籠改めである」という近藤の大音声を合図に奥へと踏み込む。そこには20人ほどの志士たちが、すでに抜刀して待ち受けていた。だが新選組の襲撃と知った志士たちは、必死の逃走にかかる。しかしその多くは斬り倒されてしまうのだった。

やがて土方隊が現場に到着し、戦力的に余裕ができた新選組は、斬り捨てから捕縛へと方針転換。ようやくやって来た3000ともいわれる諸藩の兵が沿道を埋め尽くし、志士達の逃げ道は完全に閉ざされた。

この日、13人の志士が落命、4人が捕縛された。さらに翌朝までの掃討戦で20人あまりの関係者が捕まった。この池田屋事件は、新選組最大の見せ場であったことは間違いない。

池田屋事件見取り図と人物の動き

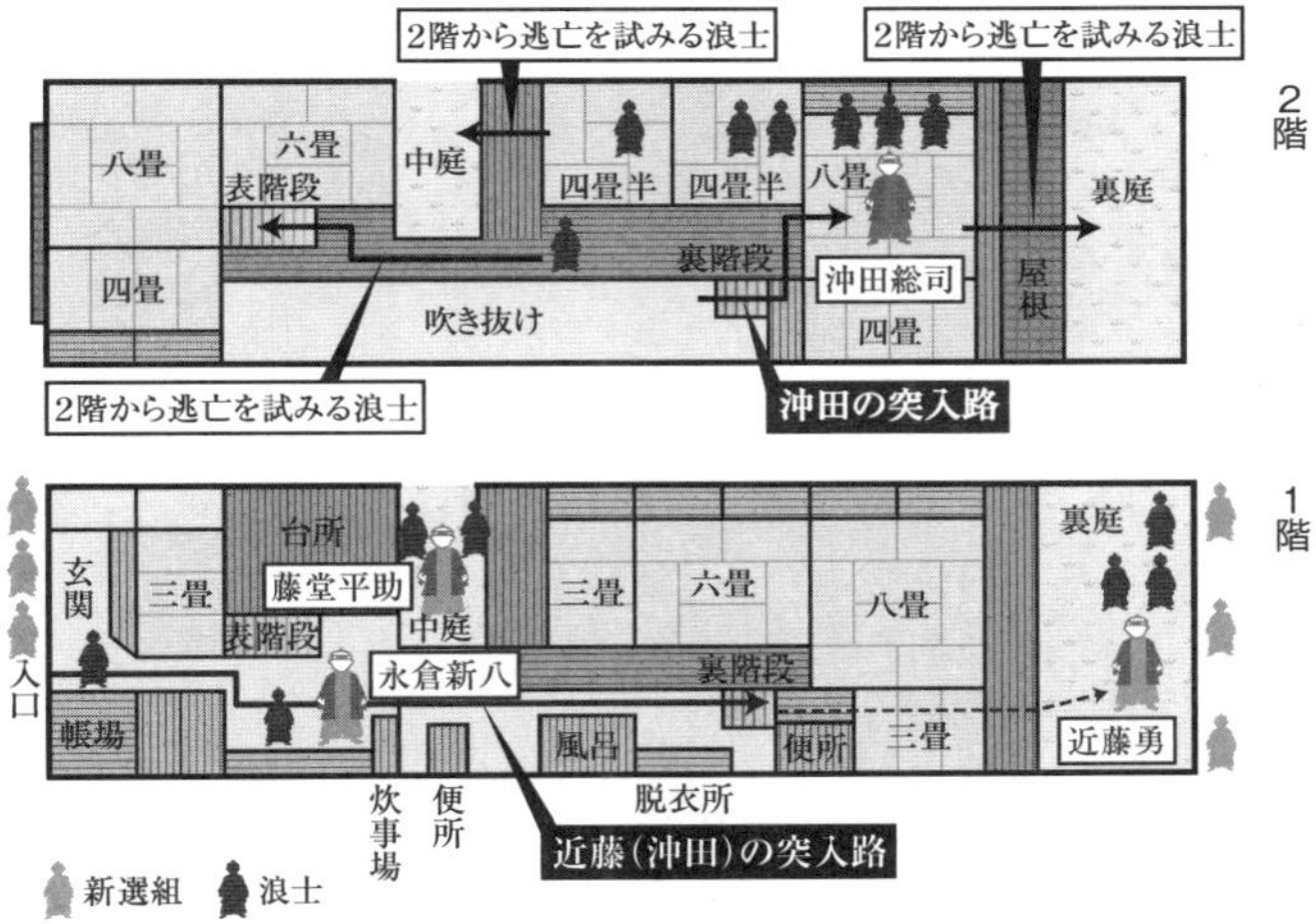

近藤と沖田が表玄関から突入。急を知らせに走った店主を追って奥へ向かう。そのまま奥の階段を上がり２階へ。そこで密会をしていた20余人の志士達と斬り合いとなる。近藤は逃げる志士を追って階下に戻る。１階では永倉と藤堂が剣をふるっていた。

京を戦火に包んだ禁門の変で長州軍を追い山崎へ

池田屋事件で多数の志士が捕殺されたという報告は、すぐさま長州本国にもたらされた。前年の政変で失脚していた藩主毛利敬親《たかちか》と三条実美らの復権を願い出るため、上京の準備を進めていた一派は激怒。武力に訴えてでも目的を果たすため、２０００もの陣容で上京した。

これに対して幕府は会津、薩摩などの諸藩が御所の守備につく。池田屋で勇名を轟かせた新選組は、伏見方面九条河原に赴いた。元治元年7月19日、嘆願が通らないことに業を煮やした長州軍は、遂に御所の蛤御門に向かって発砲、戦端が開かれた。しかし長州軍は会津、薩摩の軍の前に大敗した。途中から新選組も御所に駆け付け、長州の敗残兵を相当数片付けている。さらに戦争の首謀者と目される久留米藩の真木和泉《まきいずみ》らの軍を追い、山崎の天王山まで転戦し、これを撃退している。

新選組の名は池田屋事件に続き、世間に知れ渡ることになった。8月4日には池田屋の恩賞が幕府から下賜された。9月には近藤勇らは武家伝奏の坊城《ぼうじょう》俊克の警護で江戸へ向かう。久しぶりの江戸で、近藤らは新規隊員募集も行っている。

禁門（蛤御門）の変を描いた錦絵

御所に向かって発砲した長州藩は、これ以降朝敵として扱われることになる。長州の人間は一切、京に入ることが許されなくなった。それを感じさせるこの錦絵は、一橋慶喜（後の15代将軍）の姿が、颯爽と描かれている。

（会津新選組記念館蔵）

激動の時を今なお語り継ぐ、京都に残る新選組の足跡

京の市中に目を光らせた新選組の足跡をたどる

時代は明治、大正、昭和、そして平成と移り変わっても、京都人たちにとっての新選組の印象は芳しくないという。彼らにとっての新選組は、今もって〝関東からやって来た無頼の徒、壬生狼《みぶろ》〟という印象が拭えないようである。京都での新選組の足跡を訪ね歩いても、地元の人がやって来ることは滅多にない。

近藤勇が新選組を結成した理由は、初めは至極単純明快なものであった。それは「天皇と幕府を等しく敬い、外国勢力に侵されない国を目指す」という思想に基づくもの。さらにもともとが多摩の豪農の出だけあり、その政治理念はつねに民衆の側を向いていたのである。

近藤らが浪士組の一員として上洛した頃、京の町では血なまぐさいテロが横行していた。勤王派の志士たちが「天誅」と称し、幕府関係者を次々に暗殺していく。さら

に志士たちのなかには市中の商人を脅しつけ、活動資金と称して遊興費をむしり取る輩も少なからず存在していた。

徳川将軍を警護し、こうした不逞の輩を取り締まるという役目は、正義感が強く禁裏、幕府、そして民衆を等しく大切に思っていた近藤にとって、この上もない仕事だったに違いない。しかし京に住む民衆には、今ひとつ理解されなかったのだ。

壬生狂言で知られる壬生寺は、新選組ファンにとっては欠かすことのできないスポットのひとつ。この寺の並びに新選組最初の屯所が置かれたことで、隊士たちの剣術や砲術の稽古場所となっていたことで知られている。そんな経緯もあり、ここにある「壬生塚」には、近藤勇の胸像が建立されている。これは京都では珍しいものである。ほかに芹沢鴨ら11人の隊士の墓が立つ。

ここには若い女性を中心に、毎日多くの人が訪

八木邸《やぎてい》

近藤や芹沢が宿舎としていた八木邸の母屋の入口。母屋は玄関を上がると中の間、奥の間がある。奥の間で襲われた芹沢は、その部屋まで逃げ文机に足をとられた。鴨居にはその時についた刀傷が残されている。八木邸は「京都鶴屋」という菓子司を営む。名物の「屯所餅」は5個入り756円。

角屋もてなしの文化美術館《すみやもてなしのぶんかびじゅつかん》

島原開設当初から建物、家督を維持し続けてきた角屋。江戸時代の饗応、もてなしの場である揚屋建築唯一の遺構。左上／青貝の間の床柱に残されている新選組に付けられた刀傷。右上／建物が重要文化財建築、所蔵美術品では与謝蕪村筆「紅白梅図屏風」が重文に指定。入館料は1000円で2階の見学は追加800円、要予約。下／新選組の宴席も開かれた2階の青貝の間。

れる。それらの人たちは全国の新選組ファンであったり、修学旅行の学生たちであったりする。京の民衆の心を安んじることを願い、治安維持活動に邁進した新選組。150年後に彼らを想い、全国から多くの人が集まることを果たして想像しただろうか。

そして壬生寺の並びに建つ「八木邸」は、新選組発祥の地として知られている。ここは近藤勇、土方歳三、芹沢鴨ら13名が宿舎としたことから、そのまま屯所とされたのである。しかも八木邸では、新選組を語る上で忘れることのできない、大きな事件が勃発している。それは文久3年（1863）9月18日（16日という説もある）、初代新選組局長を務めていた芹沢鴨とその一派が、この屋敷内で粛清されたことだ。邸内には芹沢がつまずいた文机、斬りつけられた鴨居の刀傷などが残されていて、惨劇の凄まじさを今でも肌で感じることができる。ここでは茶菓、解説付きで内部を見学することができる。

屯所近くの光縁寺には多くの隊士が眠る

近藤と共に新選組を支えた土方歳三も、元は多摩の豪農の出身である。それだけに2人は〝武士としての意識〟を、元から武士であった者以上に強く抱いていた。この乱れた社会を正し、人として模範になるべく心がける。常にそう考えていたからこそ、粗暴な振る舞いが目立った芹沢一派を見過ごすことができなかった。芹沢一派の処分に関しては、会津侯松平容保の意思が働いていたといわれるが、例えその指示がなかったとしても、遠からず同じ運命をたどったであろう。

武士としての模範を示し、新選組が決して烏合の衆、無頼の徒とならないように、土方は厳しい隊則を設けたとされている。後世「局中法度」と呼ばれるものだ。しかし実際に法度として記されていたかは定かではない。『新選組始末記』の作者、子母澤寛の創作ともいわれている。

ただ新選組の隊則に従って切腹させられた山南敬助の存在を考えれば、何某かの決まり事があったことは確か。その山南が切腹したのは、八木邸の向かいにある「旧前川邸」である。前述の通り、この屋敷も八木邸同様、新選組の屯所となっていた。内部は非公開だが、通りに面した門や塀からも当時の様子を窺い知ることができる。

そして山南敬助をはじめ、多くの新選組隊士が埋葬されているのが、坊城町にある「光縁寺」だ。当時この寺の門前に新選組の馬小屋があったことから、隊士との親交があったといわれている。特に副長の山南敬助は、この寺の家紋が山南家と同じことや、住職と年齢が同じだったことから親交が深かった。そんな事情もあり、切腹後は光縁寺の墓地に埋葬されることになったという。

新選組を語る上で重要な花街・島原の跡地

京都で新選組の足跡をたどるなら、忘れられないのが島原である。ここは壬生の南にあり、屯所からも近い。比較的資金が豊富になってきた頃は、隊士がよく宴席を開いていた。それ以前は勤王派の志士もよく訪れた場所だったが、新選組が頻繁に出入りするようになってからは、あまり近づかなくなったようだ。

島原は我が国最初の幕府公認の花街で、寛永18年（1641）に六条三筋町（東本願寺の北側）から現在地に移された。今では面影はほとんど残っていないが、当時は祇園よりも高い格式を誇っていた。なかでも寛永18年に創業された「角屋」は、現在も残る唯一の揚屋遺構

寺田屋《てらだや》

京都・伏見の船宿。文久2年（1862）4月23日、薩摩藩士同士が斬り合う寺田屋騒動が起きている。慶応2年（1866）1月には坂本龍馬も伏見奉行所の捕方に襲われたが、難を逃れた。寺田屋の前には今も運河が流れ、遊覧川船が運航。

として、国の重要文化財に指定されている。今は揚屋としてではなく「角屋もてなしの文化美術館」として一般公開されている。

揚屋とは芸妓などは抱えず、遊宴の場所を提供する店のこと。今でいうと料亭のような存在である。この揚屋から芸妓を抱える置屋に、差紙《さしがみ》と呼ばれる招請状を出して太夫《たゆう》を呼ぶのである。置屋から揚屋に向かう途中、太夫が内八文字を踏んで歩く様子を「太夫道中」と呼んだ。太夫は「こったい」とも呼ばれ、中国の故事に倣い松の位とされ、最高位である太夫は少女の禿《かむろ》を必ず随行させた。しかも歌舞音曲をはじめ、様々な教養も身に付けていた。

角屋は新選組の隊士が遊んだ場所でもあった。なかでも芹沢鴨との因縁は深いものがある。文久3年(1863)6月には、新選組の苦情を会津藩に漏らした水口藩公用方に、芹沢が因縁を付けてねじこんだ。その和解の席を角屋に設けたのである。

この時、酔った芹沢は角屋の客あしらいに腹を立て、手にしていた鉄扇で店内の什器を片端から壊す。さらに角屋に対して、7日間の営業停止を申し渡したのである。角屋の柱には、新選組隊士が斬りつけたという刀傷が今も数カ所に残されている。あるいはどれかは芹沢が付けたものなのかも知れない。

芹沢は近藤らに粛清された日も、角屋で酒を飲んでいた。ただこの場合は飲まされたというべきか。剣の遣い手でもあった芹沢を屠るのは、並大抵のことではない。そこで角屋で宴席を設け、酔いつぶしたのである。角屋では新選組が宴席を設けた部屋や、前出の柱の刀傷などを見ることができる。

千年の都の中心部では様々な事件が勃発

現在の京都の繁華街、四条河原町から祇園にかけては、様々な事件の跡地が点在する。しかも幕末に起こったものばかりでなく、戦国時代やその他の時代のものも多い。そうした場所には碑と事件のあらましを記した案内板が立っている。

新選組に関連する碑も多いが、なかでもよく知られているのが、池田屋事件に関わるものであろう。計画が発覚するきっかけとなった、勤王の志士古高俊太郎が潜んでいた場所は、現在は飲食店や風俗店が軒を連ねる小路の脇に、遠慮がちに碑と案内板が立っているだけだ。

そこから木屋町通りを北に向かい、三条通りへと出ると、居酒屋池田屋の看板が目に飛び込む。そこがかつて新選組の名を一躍知らしめることになった、池田屋の跡地。

現在の居酒屋は当時の店とは特に関わりはないが、名前や店の入り口上に掲げられた新選組の絵に惹かれ、来店する人も多いようだ。

この四条河原町から祇園にかけては、坂本龍馬と中岡慎太郎が暗殺された近江屋跡、新選組も出入りした一力茶屋、新選組が相撲興行を開催した八坂神社奥の祇園北林、伊東甲子太郎《かしたろう》ら御陵衛士の屯所が置かれた高台寺塔頭の月真院などスポットも多い。多くは碑だけなので、じっくりと探す気構えが不可欠である。

さらに少し足を延ばすことになるが、新選組を預かっていた会津藩が駐屯していた金戒光明寺《こんかいこうみょうじ》もぜひ見学しておきたい場所のひとつ。墓所には会津藩士の墓もある。また今も銃弾の跡が残されている京都御所の蛤御門は、激動の時代を連想させてくれる、最高の遺構といえるだろう。

慶応3年(1867)10月14日に大政奉還が発表され、260余年続いた徳川幕府が幕を下ろす。続いて12月9日に王政復古の大号令が発せられると、世間はにわかに戦乱の気配が濃厚になってきた。16日には新選組も京の不動堂村屯所を引き払い、伏見奉行所に陣を敷いた。

新選組の足跡を追って京都を訪れたのならば、京阪電車か近鉄電車に乗り、伏見も訪れておきたい。ここは慶応4年（1868）1月3日、戊辰戦争の戦端が開かれた場所だからだ。京阪本線の「伏見桃山駅」、もしくは近鉄京都線の「桃山御陵前駅」を使えば、新選組をはじめとする幕府軍が陣を敷いた伏見奉行所跡、新政府軍の陣があった御香宮《ごこうのみや》のどちらも近い。

「伏見桃山駅」の東脇を通るかつての街道、京町通に建つ京料理屋「魚三楼」の出窓格子には、この鳥羽・伏見の戦いの際に付けられた銃弾の跡がはっきりと残されている。店が両軍の陣の中間にあったため、両軍の銃弾が店の前を飛び交ったのである。

なお、伏見には坂本龍馬や薩摩藩の面々が定宿としていた船宿「寺田屋」も建っている。そして新選組と龍馬の間には何かとニアミスが多いことも知られている。寺田屋事件の際も、現場に新選組も出張っていたという説もある。その真偽はともかく、寺田屋やその周辺の酒蔵、さらに運河の佇まいなどは、幕末のイメージを膨らませてくれる。思いを巡らせてゆっくりと散策したい場所である。

第一章　略年表

1863（文久3年）

2月4日	江戸小石川伝通院の処静院大信寮において浪士会合
2月8日	浪士組、江戸伝通院を出立し、中山道経由で京へ向かう
2月23日	浪士組、京の壬生に到着。本部は新徳寺に置かれ、清河八郎が尊攘の大義を講じる
3月4日	14代将軍家茂入洛
3月10日	芹沢鴨、近藤勇ら24名が京都残留浪士組となる
3月12日	京都残留浪士24名、会津藩主松平肥後守容保のお預かりとなる
3月13日	清河八郎らの帰東浪士組は京都出立
4月13日	清河八郎、麻布一之橋において佐々木只三郎らに斬殺される
4月21日	浪士組、将軍家茂の下坂に従い、道中警護にあたる
5月10日	長州藩、下関で米商船、仏艦を砲撃（下関事件）
5月11日	将軍家茂、摂海巡察を終えて帰京
6月3日	芹沢鴨・山南敬助・沖田総司・永倉新八ら堂島川での舟遊び後、大坂力士達と乱闘
6月13日	海路帰東の将軍家茂を、天保山まで警護にあたる
7月2日	薩摩藩、鹿児島湾に入った英艦隊と交戦（薩英戦争）
7月4日	芹沢と近藤ら、鴻池善右衛門から30両借入
8月13日	壬生で相撲興行。芹沢鴨、大和屋庄兵衛宅を焼き討ち
8月18日	禁門の変勃発。蛤御門の警備に出陣し、武家伝奏から『新選組』拝命

9月7日　新見錦、祇園の『山緒』にて切腹させられる
9月18日　芹沢鴨・平山五郎・平間重助の寝床を闇討ち。芹沢・平山を斬殺、平間は逃走
9月20日　壬生寺にて芹沢鴨、平山五郎の葬儀
10月10日　近藤勇、祇園一力楼での諸藩周旋方会議に出席

1864（文久4年）

1月2日　将軍家茂上洛警護の為、新選組下坂
1月15日　将軍家茂の上洛に随従、帰陣する

1864（元治元年）

2月20日　改元
6月5日　早朝、武田観柳斎らが四条西木屋町真町の桝屋喜右衛門を捕縛
土方の拷問により桝屋の正体は尊攘派古高俊太郎と判明。池田屋騒動が勃発
7月18日　蛤御門の戦いが勃発し、九条河原に出陣
7月21日　新選組、山崎天王山に進攻。山中にて真木和泉ら17人が自決
8月5日　英・米・仏・蘭四国連合艦隊、下関を砲撃し砲台を占領する
9月5日　近藤勇・永倉新八・尾形俊太郎・武田観柳斎が武家伝奏坊城俊克の身辺警護で江戸へ
9月9日　近藤ら江戸へ到着。先着の藤堂平助が伊東甲子太郎を新選組へ勧誘
10月12日　近藤勇、伊東甲子太郎ら新入隊士を伴って江戸出立
11月17日　蛤御門の戦功により幕府より賞を賜る

第二章　鬼の集団、落日へと向かって

1865年
慶応元年

2月3日～
11月18日

隊の分裂と粛清の始まり

文武両道のツワモノ伊東甲子太郎の入隊

幕末という沸騰した時代を疾風のごとく吹き抜けていった新選組も、もともとは町人や農民を含む浪人の集まり。個々が内に秘めた思惑にも差があったことは、むしろ自然だった。過激浪士の巣窟になっていた京都の治安維持、ひいては将軍警固という大義に忠実な仕事を繰り返しながら強大になっていった新選組は、やがて代謝を繰り返すことによって強烈な佐幕集団として確固たる存在となっていく。代謝とは、すなわち粛清、分裂である。

禁門の変のあった元治元年（1864）10月、江戸に戻った近藤勇には、幕府に京都の様子を伝えるという会津藩からの使命を帯びていた一方で、新たな隊士を募るという大きな目的があった。その目的に応え、一派を従えて加盟してきたのが北辰一刀流の剣士、伊東甲子太郎である。

水戸から脱藩して江戸で道場を構えていた伊東は剣の腕もさることながら、国学の素養もある文武両道に長ける人物であることが近藤を惹きつけた。新選組の頂点として京洛の名士に登りつめていた近藤は、様々な局面で時勢を論じる機会も増えていった。しかしもとは武州多摩の出身である田舎剣士。議論となると弱く、攘夷という確固たる信念はあるものの、それを時勢となぞらえて高度に論ずることは難しい。そうした理由により論客の側近を傍らに置きたかったという説がある。

大所帯となった新選組は新たな職制を立て、近藤は新たに加盟した伊東を参謀という重役に据える。その結果として、土方と同職の副長だった山南敬助は、総長という名ばかりの名誉職へと追いやられていくことになり、これが悲劇への序幕となる。

山南敬助の脱走・切腹は佐幕化加速への抗議か？

文武に長け、人柄も温厚な伊東に心酔する隊士も多く、近藤、土方とは試衛館以来の同士である山南敬助もそのひとりだ。その山南は、伊東が加盟した翌年の慶応元年（1865）、近藤に切腹を命じられ33年の生涯に幕を閉じる。新選組が屯所を置く壬生村の人々からも慕われるような人柄の持ち主で、新選組創設以来副長職という重責も担っていた山南は突如、置手紙を残して脱走したのである。土方の方針により、尊皇攘夷派に肩入れしているという噂のある西本願寺への屯所移転を推し進めようとする近藤に、僧侶相手に見苦しいと反対し続けた山南だが、結局受け入れられなかった。置手紙には、その近藤を非難する内容が綴られていたが、本当の脱走の原因については多くの謎も残されている。

　この時期、近藤は佐幕の方向性を鮮明にしていく。山南はもともと尊皇攘夷思想の持ち主で、

伊東甲子太郎《いとうかしたろう》

新選組参謀。尊王攘夷の意志を持ち、新選組に途中加入するも御陵衛士として同門を率いて脱退。思想の違いから新選組と対立、油小路で近藤の陰謀によって斬殺される。北辰一刀流免許皆伝。

（伊東甲子太郎 肖像画・個人蔵）

それはかつての近藤も同じだった。しかし時を重ねるごとに佐幕へと転じていく近藤、その背後にいる土方、この両者が新選組の頂点にいる限り、先は無いと判断したのかもしれない。追手の沖田総司に大津で発見された山南は全く抵抗することなく京に戻り、永倉新八ら何人かの隊士に逃亡を進言されるも、局中法度に従い自らの命を絶つのである。

尊皇攘夷を明確にした分派を、粛清の名の下に油小路で惨殺

伊東甲子太郎の加入で磐石になったかに見えた新選組だが、もともと伊東も水戸学を修めた熱烈な尊皇攘夷派だ。新選組中核の近藤、土方らが佐幕への方向性を明確にしたことを悟り、新選組からの脱走を企てる。孝明天皇の守護の名目で伊東一派は慶応3年(1867)3月、御陵衛士を結成し、新選組から分離する。名目上は道理にかなっていようが、近藤、土方らがこの行動を見過ごすはずはない。案の定、伊東甲子太郎は尊王攘夷派の薩摩藩と通じるようになる。そして、そこで近藤勇暗殺の密約を結ぶのだった。

御陵衛士結成時、近藤は斎藤一を間者として潜り込ませる。近藤暗殺の密約は、こ

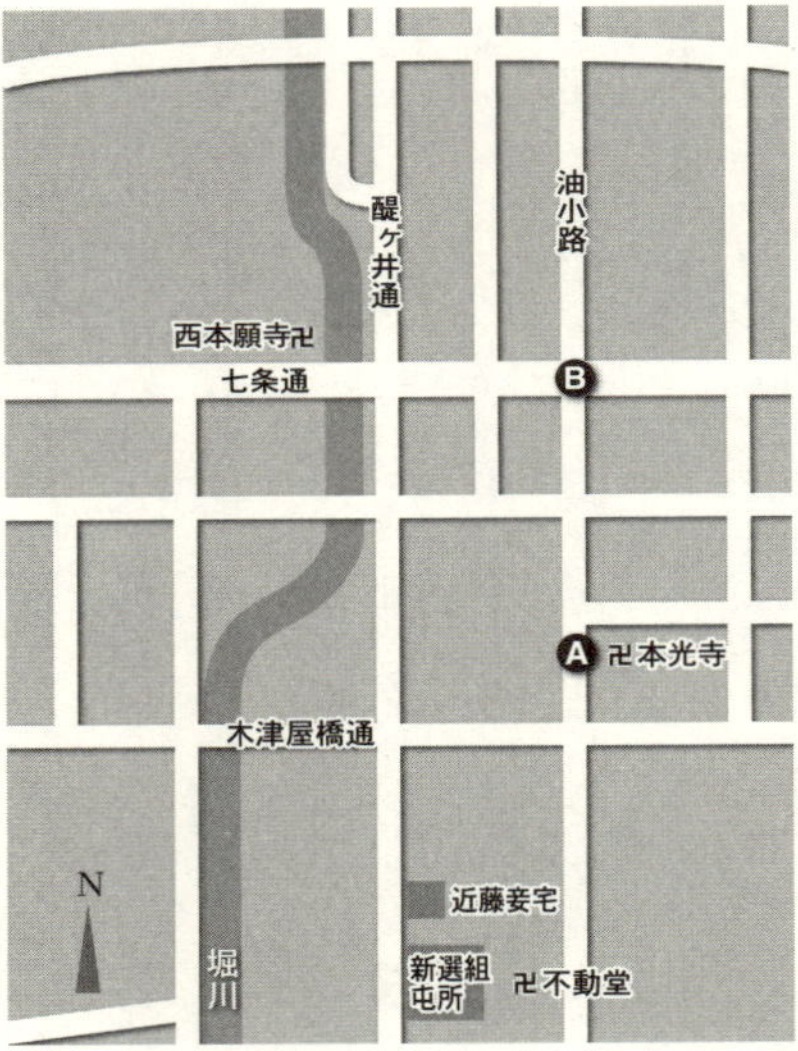

油小路事件《あぶらのこうじじけん》

大石鍬次郎の槍に刺された伊東甲子太郎は、本光寺の前で絶命（A）。さらされた伊東の亡骸を回収に来た御陵衛士は新選組の待ち伏せを受ける（B）。

の斎藤の働きによって露見することになる。先手を打つ形で、土方と画策した近藤は、伊東甲子太郎を逆に粛清する決意を固める。同年11月、近藤は口実を作って伊東を呼び出し殺害。遺体を七条油小路に放置し、それを引き取りに来た伊東の同士も殺害した。後世まで語り継がれる「油小路《あぶらのこうじ》事件」であり、新選組に討たれたなかには新選組生え抜きの隊士だった藤堂平助がいたほか、服部武雄、毛内《もうない》有之助《ありのすけ》らがいた。ただ、生え抜きの隊士だった藤堂のことは、近藤も気にかけており、このとき末端隊士にまで本意を伝達できず、斬殺してしまったことを後々まで悔いていたという。

新選組が次第に強大になりゆく過程のなかで粛清されたのはこれだけではない。慶応元年（1865）には尊皇攘夷派の嫌疑をかけられた田中寅蔵。翌年は商家を強請《ゆす》ったとして佐野牧太郎を。そして隊費の不足が発覚したため、隊の勘定方（経理）を任されていた河合耆三郎、さらに翌年は情夫と密通していた水戸藩士に背後から斬られたことから士道不覚悟として田内智など、多くの隊士が粛清という名の下に命を落としていった。

1868年
慶応4年

1月3日～
1月6日

鳥羽・伏見の戦い

幕臣への取立てと大政奉還が導く数奇な運命

油小路事件があった慶応3年（1867）は新選組にとって、そして日本の歴史にとって記念すべき年になった。

この年、会津藩お預かりだった新選組は幕臣の取立てが決まる。素浪人集団を率いて無数の屍の山を作った果てに、近藤勇は旗本と肩を並べることとなった。しかしそのわずか3カ月後、大政奉還が行われたことにより、260年余り続いた徳川幕府、そして約700年続いた武家政治が幕を閉じたのである。

大政奉還の下地を作った坂本龍馬は、これにより日本がひとつとなる政治機構を確立し、より強固な国の体制作りを想定していたようだが、武力倒幕を目指していた薩長にその考えは皆無だった。真の天皇中心の新政権を樹立するために、あくまでも代々続く徳川家の世襲制による幕府機構を根絶やしにしようと目論んでいた。そこで薩長は京都及び周辺を武装勢力で固めたうえで王政復古の大号令を発し、前将軍である徳川慶喜をどこにも配置しない、明治天皇を中心とした政治機構を彼らの思惑通りに作り上げたのだった。

それだけではない。薩長は新しい政府にて、慶喜から領地も官位も取り上げてしまい、丸裸同然にして完全に政治の表舞台から抹殺しようと決めたのである。

旧幕府軍がこれに怒り狂うのは当然のことである。会津と桑名を中心とした旧幕府軍と薩長中心の新政府軍とのにらみ合いとなった京都は一触即発の緊張状態に陥った。しかし当の慶喜は衝突をさけようと大坂城に逃げてしまったのだった。

終わり無き敗走へと続く鳥羽・伏見の戦い

この時に新選組は伏見奉行所の警備を任されることになり、屯所も伏見奉行所内に移すこととした。これを知り、恨み深き近藤の抹殺を目論んだのが御陵衛士の残党だった。所要で出かけた帰りを待ち伏せられ、鳥羽・伏見街道で狙撃された近藤は一命を取り留めるものの、銃弾は右肩に命中し、瀕死の重傷を負ってしまう。ここでの負傷が、この後に起きる鳥羽・伏見の戦いに近藤が参戦できなくなる要因になろうとは、誰が想像しただろうか。

その頃、なんとしても武力衝突に持ち込みたい薩摩は「御用党」なる浪士集団を組織し、彼らに江戸で無法の限りを尽くさせた挙句、江戸取締りに当たっていた庄内藩の屯所に発砲する事件を引き起こした。これは完全なる旧幕府への挑発行為である。それまで度重なる嫌がらせ行為に耐えてきた幕臣たちだったが、ついに堪忍袋の緒が切れて配下の旗本たちが江戸の薩摩藩邸を焼き討ちするという反撃に出てしまう。

さすがにこの挑発的な行為に怒り心頭となった慶喜は慶応４年（１８６８）１月２日から３日にかけ、朝廷に捧げる「討薩の表」と共に京都に向けて挙兵する。これに対して薩長も鳥羽・伏見街道に軍を展開する。これより幕府が敗走を続ける戦いの火蓋が切って落とされた瞬間でもあった。その初戦となる「鳥羽・伏見の戦い」である。

淀《よど》に本営を置いた旧幕府軍は全軍を挙げて京都方面に進み、重傷の近藤に代わり土方が率いる新選組もこれに合流した。そして３日の夕刻頃、ついに戦闘の火蓋は切って落とされることとなった。

旧幕府軍の兵力１万５０００に対して官軍の兵力は５０００。その差は圧倒的だったものの、旧式の軍備しかない旧幕府軍は、西洋式の近代的な軍備に加え、これまで

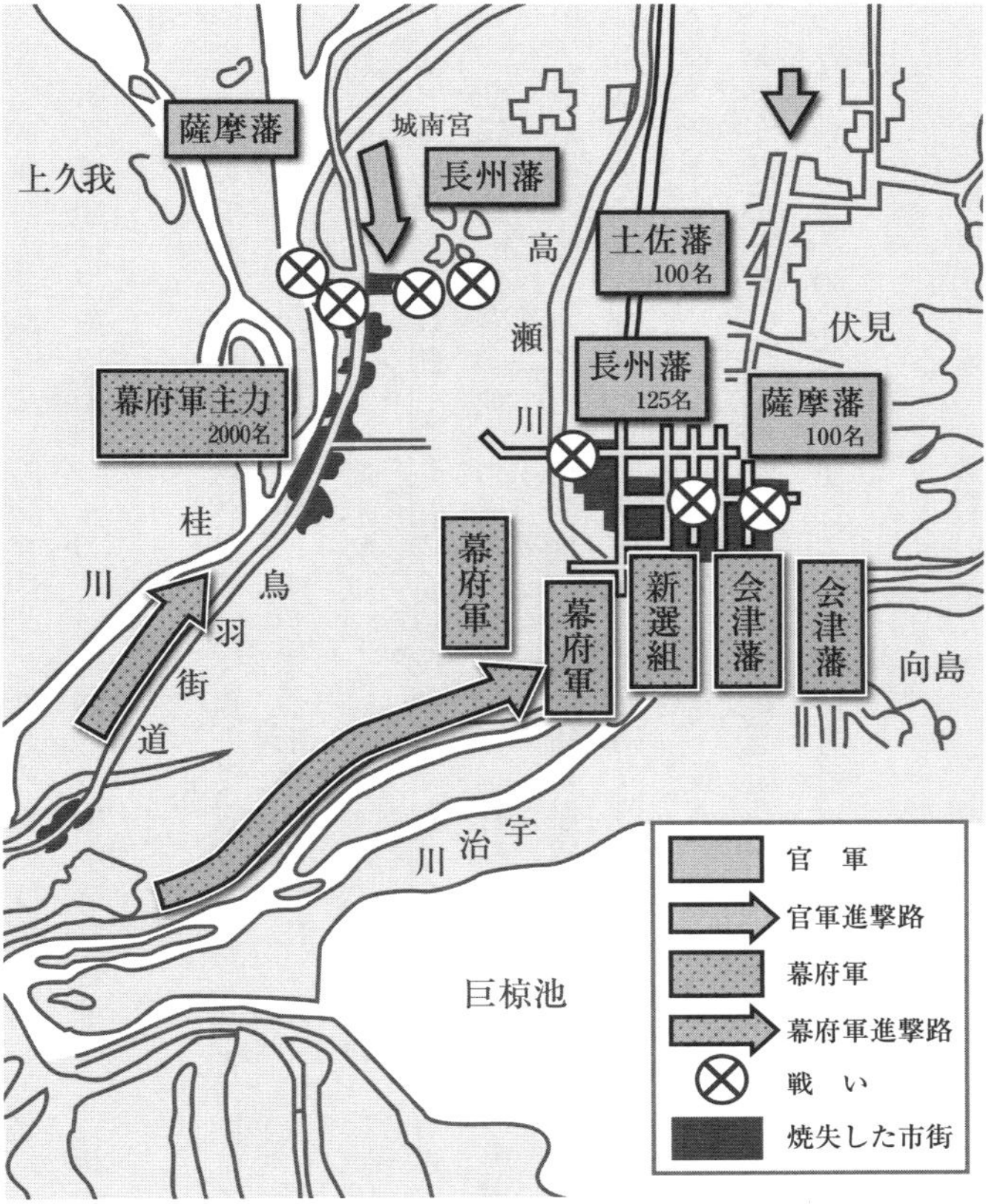

旧幕府軍、新選組と薩長･土佐軍の陣容

3倍の兵力を誇る旧幕府軍は、桂川沿いに一気に攻め込んでいく。しかし、結果として新政府軍の西洋・新式の銃の前には、なす術もなく総崩れとなってしまうのだった。新選組は会津藩の左翼に布陣して、薩長軍と対峙することとなった。

異国との戦闘も経験している薩長中心の新政府軍に圧倒されることになる。そんな状況でも新選組は果敢に戦い、抜刀した戦闘では相手を寄せ付けず、新政府軍を戦慄させた。

翌4日になり、旧幕府軍は体制を立て直して進撃する。鳥羽方面にて旧幕府軍が一時盛り返すも、新政府軍の反撃に少しずつ形勢は不利になっていく。そして土佐藩兵が新政府軍に加わったことで形勢は完全に逆転する。これを知った朝廷は、王政復古によって新政府に復飾した仁和寺宮嘉彰親王《にんなじのみやよしあき》に錦旗《きんき》を授け、征討将軍に任じた。つまり、朝廷は新旧政府の戦いの様子を見た上で、有利と思われた新政府軍を官軍に任命したということである。この瞬間、旧幕府軍は賊軍となってしまったのである。旧幕府軍は完全に戦意を喪失し、結果、淀方面に向けて敗走していくことになったのである。

大きな痛手を負いつつ士気は下がらぬ新選組も、旧幕府軍と共に敗走するしかなかった。しかしその先には、更なる絶望が待ち受けていたのだった。

1868年
慶応4年

1月5日～
1月6日

淀・千両松での敗北とその後

次々に繰り返される諸藩の寝返りと裏切り

淀方面に敗走した旧幕府軍だったが、新選組は勇猛果敢な戦いを続けた。銃撃戦となればたとえ兵力で劣ってはいても官軍に分があるが、斬り合いとなれば恐ろしいほどの強さを新選組は発揮した。淀川堤の千両松原に陣を張り、闘神のごとき鬼の副長・土方歳三の指揮下にある新選組の強さは、さしもの薩長・土佐の連合軍も舌を巻いた。

しかし、この戦いで新選組は大きな痛手を被る。この戦いのなかで、試衛館からの同士である井上源三郎をはじめ、隊士全体の約三分の一が戦死したと伝えられている。このことは、隊士たちの士気を著しく下げてしまったに違いない。とても無傷で済むような戦ではなかったのだ。

態勢の立て直しを図る旧幕府軍は、いったん淀城に入城しようとする。ところが淀藩主である稲葉正邦は、戦況を見ながら旧幕府軍の分が悪いと判断。この土壇場にきて官軍に寝返り、入城を拒む。絶望と怒りに満ちた旧幕軍は城に火を放ち、豊臣秀吉と明智光秀が戦った古戦場、男山・橋本に向かって退却する。

新選組《しんせんぐみ》袖章《そでしょう》

新選組隊士が袖につけて、隊士である証とした。身分証明や同志討ちを避けるためであろう。山形模様がつき、「誠」の一字が型抜きで染められている。（霊山歴史館蔵）

1月6日、旧幕府軍は男山の東西に分かれて布陣した。橋本には東に男山、西に淀川という地の利があり、旧幕府軍には有利かと思われた。しかし、今度は淀川の対岸に位置する大山崎町の守備にあたっていた津藩藩主・藤堂高猷《たかゆき》が朝廷に寝返り、旧幕府軍に対して砲撃を加えてきたのである。予想もしなかった砲撃を受けた旧幕府軍は、再び退却を余儀なくされることになる。圧倒的な軍備の差に加え、賊軍に成り果てた旧幕府軍に、もう戦う力は残っていなかった。生き残った兵士たちは、慶喜の待つ大坂へ敗走し、鳥羽・伏見の戦いは薩長、土佐が中核を成す新政府軍の勝利に終わる。

そして新選組、旧幕府軍には、この後将軍の逃亡という信じられないような裏切りが待ち受けているのである。

ついに慶喜までもが、前代未聞の将軍敵前逃亡

旧幕府軍は大坂城に籠城し、なおも抵抗を続けるつもりでいた。ところが旧幕府軍の頂点である徳川十五代将軍・慶喜は、完全に戦意を喪失していた。軍力の差、そして何よりも自分が賊軍の頂点とされてしまったという事実が、慶喜から闘争心を消し

鳥羽・伏見と淀・千両松で戦死した主な隊士

宮川数馬	(3日に伏見で戦死)
和田重郎	(4日に伏見で戦死)
中村吉六	(4日に伏見で脱走)
高山次郎	(4日に伏見で脱走)
玉川将之介	(5日に淀千両松で脱走)
井上源三郎	**(5日に淀千両松で戦死)**
今井祐次郎	(5日に淀千両松で戦死)
真田四目之進	(5日に淀千両松で戦死)
桜井数馬	(5日に淀千両松で戦死)
諏訪市二郎	(5日に淀千両松で戦死)
逸見勝三郎	(5日に淀千両松で戦死)
青柳牧太夫	(6日に淀千両松で戦死
宿院良蔵	(6日に橋本で戦死)
坂本平三	(6日に橋本で戦死)
向館登	(6日に橋本で戦死)
山崎烝	**(5日に淀千両松で負傷、その後病死)**

はっきりしているだけでも多数の隊士が落命したことがわかる。旧幕府軍の戦死者を含めると、その数は数千人といわれている。

去ってしまった大きな理由であるといわれている。結局、慶喜は旧幕府軍を見捨てて大坂へ置き去りにし、会津藩主・松平容保、桑名藩主・松平定敬《さだあき》らを伴い大坂城を脱出。富士山丸に乗って一路江戸へと逃げ出したのであった。

慶喜ら旧幕府軍トップの逃亡を知った疲弊しきった面々には、もはや行き場はどこにもなかった。いずれにしても、自分たちを率いる将のいない大坂城を命がけで守る意義は完全になくなってしまったのである。

各々の本藩に帰る、あるいは江戸に向かい、本藩の藩邸にかくまってもらう以外、生きていく方法は他にはなかった。しかし本藩に帰るとはいえ、肝心の本藩が朝廷に寝返っていることもあるだろう。脱藩した者には、当然帰る場所すらない現実が待っていた。

鳥羽・伏見から始まった戦いで旧幕府軍と共に敗れ続けた新選組は、幕艦の軍艦に乗り込み、江戸に引き揚げることを決めた。肩の傷が治っていない近藤勇、胸を患って、もう長いこと病床に伏せている沖田総司、軍艦に乗ることも叶わなかった大勢の隊士。江戸に向かう船中で土方は「これからの戦じゃ剣は役に立たない。銃にはとてもかなわない」と、ボツリとつぶやいたという。凄まじい速度で変わっていく時代の狭間で、新選組には確実に落日が近づいていた。もはや刀の時代ではないと痛感していたのは、土方だけではなく新選組全体での認識だったはずだ。これまで「武士として生きたい」という一念から、多摩を出て試衛館へ入門し、会津藩お抱えの旗本にまで上り詰めた新選組の面々。しかし、彼らの喜びとは裏腹に、時の流れは残酷すぎる結末へと向かっていく。

江戸に到着すると、重傷者は横浜に移され、他の隊士は丸内鍛冶橋大名小路の鳥居丹後の守宅に移った。態勢を整えたい土方は、改めて生き残った隊士の名簿を作成したといわれる。新選組が伏見に移った時に64名だった隊士は、ついに44名になっていた。京を震撼させた新選組は敗走を重ね、八方塞の状態になっていた。しかし、彼らの戦いはまだ終わらなかったのである。

1868年
慶応4年

3月1日〜
3月6日

隊壊滅前の故郷に飾った錦

抗戦派を次々と遠ざけ江戸城無血開城の準備へ

慶喜をはじめ旧幕府の残党は、最後の砦である江戸城に入っていた。一方、新政府軍は慶喜を追討するための討伐軍をすでに送り出しており、東海道、東山道、北陸道それぞれに沿って江戸に迫っていた。その情報はすでに旧幕府の面々にも届いていた。旧幕府は徹底抗戦派と恭順派に二分していた。新選組率いる近藤勇は、無論徹底抗戦を主張。しかし肝心の慶喜にはすでに戦意が無かった。現実的に見ても、もはや新政府軍を覆すことなどできようはずもなかった。

陸軍総裁の勝海舟《かつかいしゅう》も同じ意見だった。そもそもこの維新は、西欧列強から日本を守るためのものだったはずである。これ以上内戦が拡大してしまえば、国力は大いに低下してしまう。最も肝心な当初の目的が達成できない危険性がある。新政府軍との武力衝突はなんとしても避けるべきと考えていた。

勝の進言もあり、慶喜は恭順することを決める。そして慶喜は、主戦派であり、京都守護職の頃から長州藩の深い恨みを買っている松平容保・定敬の兄弟などを登城差し止めにしてしまった上に、江戸城を出て上野・寛永寺に引きこもってしまう。徳川のために命がけで戦い続け、どれだけ不利な立場になろうともまだ戦おうとする者たちは、事実上見捨てられた。

そんな折、近藤勇は甲府城を占領して東山道を経由してくる討伐軍を迎撃してはどうかと提案し、意外にも勝にすんなりと受け入れられるのである。それだけではない。その作戦に対して、豊潤な資金まで与えられることになる。近藤の提案は旧幕府の方向性とは真逆の行動のように見えるが、新政府の中核を成す長州にとって、大勢の同士を殺戮した新選組こそ許せない存在であることは間違いない。また、新政府との恭順を妨げる大きな要素となることは確実。戻ることのできない戦闘に向かわせることで、新選組が江戸城からいなくなることこそ、恭順には不可欠なことだったのである。こうして旧幕府にとってやっかいな分子となった面々は江戸城から一掃され、後の無血開城の準備は着々と整っていくのである。

むなしき大名への夢は甲州の地で無残に消える

甲府城占拠のために編成された「甲陽鎮部隊《こうようちんぶたい》」はもちろん新選組が基になっている。江戸に到着して以来相次ぐ脱走により、44人の隊士は約半数に減っていた。そこで八王子千人同心などに呼びかけて２００人程を集め、慶応4年（１８６８）3月、甲府に向けて出発する。近藤が目をつけた甲州は１００万石。まだ新政府の手中には落ちていない旧幕府領地である。老中からは見事抑えることができた暁には、新選組に与えると約束されていた。

また、甲州に向かう途中には近藤、土方らの故郷である多摩郡を通過する。彼らはもちろん立ち寄る予定

近藤勇《こんどういさみ》の雄姿

甲陽鎮部隊の長として、甲府へ出陣した近藤勇。100名をわずかに超える数の隊士だけで、1300名からなる新政府軍と戦うも敗走。これが最後に見せた近藤の雄姿となる。
(小島資料館蔵)

でいた。芋剣法と揶揄された天然理心流だけをたずさえて上京した田舎剣士たちが、大出世を果たしての帰郷である。

戦いが待つ甲州に向かう道中にありながら、新選組面々の会話は奇妙に明るかった。近藤は主だった隊士たちに「100万石手に入ったら、○○には1万石……」などと語っていたという。

武州多摩では、故郷に錦を飾った近藤、土方のために大きな宴を用意して出迎えたそうだ。あまり酒の強くない近藤もこの日ばかりは杯を重ね、宴会場にやってきたかつての道場生らにも気さくに応じていたといわれている。

そして、故郷の武州多摩を発った甲陽鎮部隊が甲州勝沼にたどり着いたのは6日。しかし、すでに圧倒的な兵力と火力を準備して待ち受けていた新政府軍の前にあっさりと蹴散らされ、江戸に戻ることになる。江戸に戻った新選組はまたも再起を図り、下総《しもうさ》の流山《ながれやま》へと文字通り流れていくのだが、この地で近藤はついに新政府により捕縛されることとなってしまうのである。

1868年
慶応4年

4月25日

近藤勇、無念の斬首

近藤の意地が引き起こした、苦楽を共にした隊士の離脱

甲州・勝沼を追われる間際、近藤は全軍に対して江戸の大久保主膳正《しゅぜんのしょう》の屋敷を落ち合う場所に指定し、隊を一時的に解散した。

新選組の隊士たちは約束通り、次々と大久保主膳正の屋敷に集まった。しかし近藤、土方の到着は遅れていた。この間に永倉新八、原田左之助など数人が相談し、次の戦いの場を会津とし、力尽きるまで徹底抗戦しようと決意を固めた。これには新選組隊士だけでなく、旗本や幕府の歩兵、各藩から脱藩したものなどおよそ100名が賛同しただけでなく、近藤と深い親交があり、新選組の後援を続けてきた幕府軍医の松本良順《りょうじゅん》も資金提供を申し出た。

永倉は遅れて戻った近藤にその旨を告げると、意外にも彼は渋った。よくよく話を聞けば、近藤は新選組を率いている自分を差し置いて新組織を編成し、会津行きといい

う方針まで固めたことに憤慨しているのであった。そして、「皆が自分の家臣となって働くのであれば同意する」という近藤の言葉に怒ったのは永倉新八だった。彼は「これまでは同志だったが、家来にはならぬ」と言い捨て、原田左之助のほか、5名の隊士と共に新選組を離れることを決意したのである。まるで4年前の非行五箇条提出時の再現か。しかし今回は、決定的な離別となってしまった。永倉らは新たに結成した隊を「靖兵隊《せいへいたい》」と名づけ、隊長には永倉と同じ松前藩出身の芳賀宜道《はがぎどう》を据えた。再び試衛館時代から苦楽を共にした仲間が去り、新選組はほぼ崩壊に近い状態になりつつあった。

切腹さえ許されず屈辱の斬首で迎えた最期

その頃、新政府軍は快進撃を続けながらどんどん江戸に迫っていたが、勝海舟の尽力により江戸城総攻撃だけはなんとか回避することができた。江戸城は無血開城され、東征大総督・有栖川宮熾仁《たるひと》親王が入城することとなった。慶応4年（1868）4月のことである。

とはいっても、それで完全に内戦が回避されたと安心はできなかった。旧幕府にす

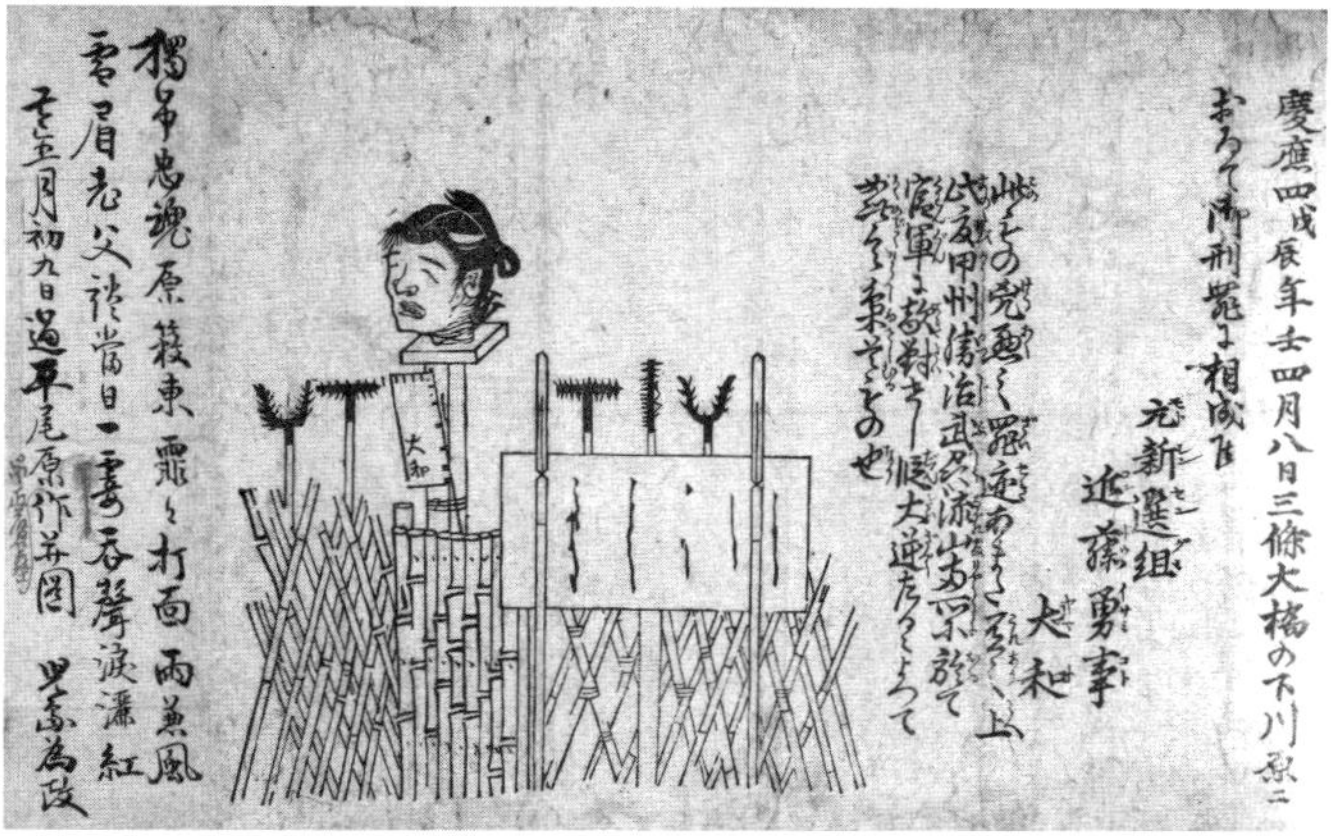

京都に晒された近藤の首。切腹も許されず、自分の思いとはかけ離れた斬首という非業の最期を遂げることになった。(近藤勇の晒し首を報じる瓦版・小島資料館蔵)

ればまた何かしらを理由に新政府軍が戦いを仕掛けてこないという保証はなかった。陸軍奉行並だった松平太郎は、軍医松本良順を通じて近藤に、旧幕府軍勢力で江戸を包囲しておきたいので協力してほしいと、江戸城無血開城の前に伝えていた。旧幕府軍の残党にも、まだまだ武力抵抗を続けたい者が多く存在していた。これらの面々を迎え入れれば、新選組も再起できるかもしれない。近藤にはそういう目論みもあったことだろう。一も二もなく、新たな組織作りに奔走し始めた。

　近藤、土方らの呼びかけに呼応し、続々と参加者が集まってきた。その数

東京・板橋にある近藤勇の墓所。碑には、土方歳三の名前が刻まれている。また、すぐそばには仲たがいした永倉新八の墓もある。

はおよそ２５０名に達した。これに肝を冷やしたのは、新政府との和平交渉を進めている勝海舟である。勝は数回にわたり、新政府を刺激するような行動を慎むよう進言したが、近藤はもちろん聞き入れなかった。近藤は新たな拠点として、下総流山に目を付けた。そして旧幕府から許可も無いままに、新たな新選組を引き連れて流山への移動を決行する。流山で訓練した隊士を引き連れ、会津へ移動する予定だった。

ところが流山の拠点が、新政

府軍により突然攻撃を受ける。流山近隣の結城藩で勃発した内乱を収めるために派遣されていた薩摩軍が、近藤らの存在に気づいたのである。近藤らはなす術なく包囲され、勝ち目なしと見るや投降を決意する。薩長にとって近藤は殺しても飽き足らないほどの恨みがある。まして土佐藩は、坂本龍馬殺害が新選組によるものと思っていた。そのため近藤は己の存在をごまかそうと、大久保大和《やまと》と名乗っていたが、捕らえられてすぐに見破られてしまった。

その後、板橋に収監された近藤は切腹を許されず、斬首・さらし首の極刑が決まる。斬首直前、近藤はしばし江戸の空を眺めていたという。慶応4年（1868）4月25日、全力で駆け抜けた35年の生涯の幕はこうして閉じたのである。

1868年
慶応4年

4月19日〜
4月23日

激戦の宇都宮城の戦い

2000の兵力を連ねていざ、徳川の聖地へ進軍

近藤勇が世を去っても、新選組の結束が消えたわけではなかった。残された土方歳三の脳裏に新政府への降伏の文字は無かった。

土方は江戸に潜入し、勝海舟に赦免を嘆願するなど、捕らえられた近藤の助命をするために奔走した。しかし薩長に骨まで憎まれている新選組・局長としての近藤の救出など実現できるわけはない。あきらめた土方は、残りわずかになってしまった新選組の部下と共に、下総鴻ノ台に駐屯する旧幕府軍に合流した。新選組のほかにも、旧幕府の歩兵第七連隊、伝習第一・第二大隊、桑名藩兵などが合流しており、兵力は2000名に達していた。伝習第一・第二大隊はフランス式歩兵兵術で訓練されている上、最新式の火器も携えていた。旧幕府軍歩兵奉公の大鳥圭介を全軍総督、土方は参謀として再編成した軍に配置され、一路日光を目指した。家康の廟がある徳川の聖

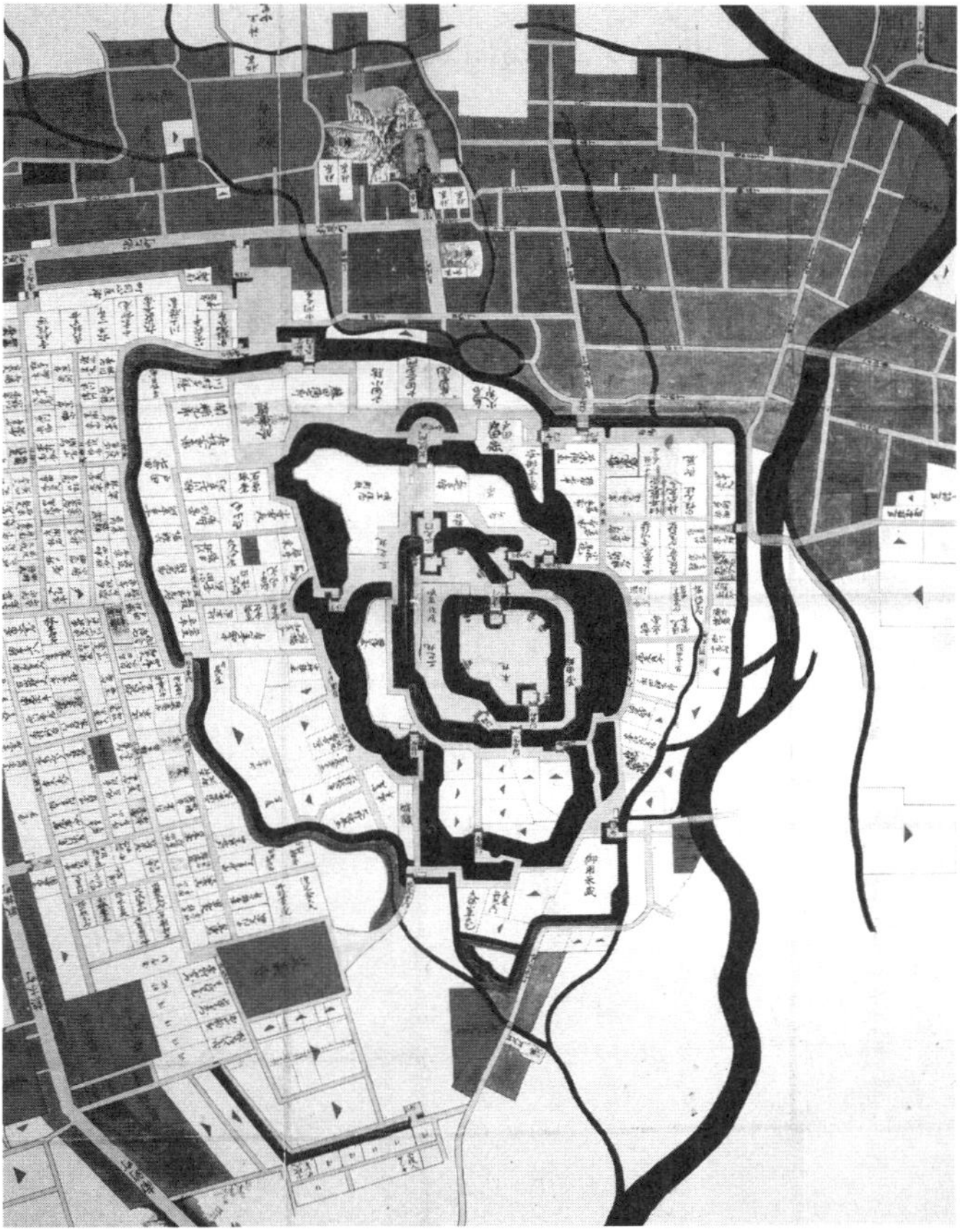

宇都宮御城内外絵図《うつのみやごじょうないがいえず》

慶応年間（1865〜1868）の宇都宮城と城下の様子を描いたとされる絵図。櫓や土塁・堀などが一部復元され宇都宮城址公園となっている。当時は頑強な城として戦略上重要な拠点だった。（宇都宮市教育委員会蔵）

地・日光で新政府との戦闘を行うことが目的であったのだ。

通過する小藩の食料や弾薬を巻き上げながら関東平野を北上した旧幕府軍は、慶応4年（1868）4月19日、宇都宮へと達する。宇都宮藩は早くから勤皇を掲げていた7万7千石の北関東屈指の雄藩。新編成した旧幕府軍が日光にたどり着くためには、宇都宮城はどうしても突破しなければならない難関であった。

宇都宮城の激突で鬼と化す土方歳三

旧幕府軍は大鳥圭介率いる本隊と、土方が指揮を取る別働隊に分かれて、早朝から攻撃を仕掛けた。雄藩である宇都宮だが、所有している火器は旧式のものばかり。最新式の火器とフランス式の兵術を駆使して大鳥本隊が敵を圧倒している最中、土方が指揮する別働隊は次々と城下に火を放ちながら宇都宮城へと迫った。敵兵の反撃もいよいよ厳しくなる。激しい戦闘が続くその最中、敵前逃亡を図った旧幕府軍の兵士がいた。すると土方はこの兵士を躊躇無く斬り殺し、自軍の兵に向かい「逃げる者は誰でもこうなる」と言い放ったという。一歩も引くことなど許されなくなった別働隊は、ついに城目前に迫った。戦いが斬り合いの白兵戦となると土方は「新選組土方だ」と叫びながら敵陣に飛び込んだ。恐れおののいた敵軍兵には腰を抜かす者もあったらしい。土方の気合に鼓舞された別働隊に圧倒され、巨城宇都宮城はわずか一日にして旧幕府軍の手に落ちた。土方の凄まじさに、本隊率いる大鳥ですら唖然としたという。翌20日には大鳥らも宇都宮城に入城した。

新政府軍の行動も素早かった。21日には宇都宮西南に位置する壬生城に増強部隊を送っていた。旧幕府軍はすかさず派兵し、両軍は宇都宮の南に位置する安塚にて激突する。しかし旧幕府軍は、新政府軍の猛烈な反撃に遭い、撤退を余儀なくされてしまうのである。

これによって新政府軍は勢いに乗じただけでなく、火器と共に次々と援軍を差し向け、じりじりと宇都宮城に迫っていった。

23日になると新政府軍はいよいよ宇都宮市街まで迫ってきた。激しく抵抗する旧幕軍との戦いは一進一退の攻防となる。土方は宇都宮城の北にある二荒山に布陣し、激しく応戦した。しかし、多数の火器を効果的に使ってくる新政府軍の攻勢は強まるばかりだった。そして、戦いのなかで土方は、ついに足へ銃弾を受けて負傷してしまう。

激戦の末、旧幕府軍は撤退に追い込まれ、宇都宮城は再び新政府軍の手中に収まることとなった。この激しい攻防の後、旧幕府軍と新政府軍の戦いの舞台は今市、そして徳川の聖地でもある日光山へと移っていく。負傷した土方は今市に運ばれた後、更なる再起を図ろうと会津へと向かうことを決める。しかし、必死の徹底抗戦をどれだけ繰り返しても勝利することはできず、すでに戦いの展望は見えなくなっていた。会津行きに従った新選組隊士はわずか6名しかいなかったという。それでも土方は会津へと向かっていくのである。

隊士によって描かれた土方歳三。冷徹な面を持つ鬼の副長という名の通り、精悍で厳しい表情が描かれている。(戦友姿絵[土方歳三]・市立函館博物館蔵)

1868年
慶応4年

4月20日～
9月22日

孤立無援の会津戦争

白河口の戦いの果て孤立していく会津

慶応4年（1868）4月下旬に会津入りした土方は、近藤が流山で投降した時期、既にこの地へと先行していた新選組の隊士たちに迎えられた。人数はおよそ130名。新選組は会津藩と共に戦っていた。慶応4年のこの年は、近藤勇が斬首されたほか、沖田総司が結核のため江戸で果てた。江戸で彰義隊に参加していた原田左之助も、正確な死因については現在も不明ながら、この年に世を去っている。新選組の顔というべき面々の多くが、この年に亡くなった。

会津では新政府軍からの挙兵に備え、藩の軍制改革などを断行していた。また奥羽諸藩と共に奥羽越列藩同盟を締結した。朝敵とされた会津、庄内両藩の赦免嘆願を目的とした奥州諸藩の同盟だったが、新政府からの圧力への対抗、新たな北部政権の樹立などの大きな目的もあった。さらに近隣諸藩もここに加わり、書簡を交わしていない藩も含めた31藩から成る大同盟に拡大していた。

土方が会津入りした時期は、奥州街道の要地にある白河城をめぐり、奥羽列藩同盟と新政府軍の攻防が勃発していた。二本松藩預かりだった白河城を会津が占領したが、新政府軍がこれを奪取。その後も数度に渡り、会津は奥羽越列藩同盟と共に白河城を奪回せんと攻撃をしかけていた。新政府軍はいよいよ本腰を入れ、猛攻を開始した。

すると、奥羽越列藩同盟諸藩から次々と降伏する藩が続出。同盟はたちまち瓦解し、会津は孤立無援の状態に陥っていく。そして7月、次々と脱落する藩が続出するなか、少年兵を動員してまで抵抗を試みた二本松藩が壊滅。会津を討たんとする新政府軍の拠点となる。これが後世まで語り継がれる「白河口の戦い」である。

機を窺っていた新政府軍は8月、いよいよ孤立した会津に侵攻する。迎え撃たんとする会津は二本松から会津に至る途中にある母成《ぼなり》峠に、新選組を含むおよそ900の兵を配置した。しかし新政府軍の兵力は約2000に及んでいた。戦闘が始まると、新政府軍は火器を存分に使用した猛攻を仕掛け、会津の各陣容は瞬く間に陥落していった。そして生き残りはすぐさま猪苗代に向かって逃亡せざるを得なくなった。

會津若松戦争之圖
具足屋
三枚價六銭

会津若松戦争の図《あいづわかまつせんそう》

母成峠で敗れた旧幕府軍は、鶴ヶ城へと籠城する。戦線を突破した新政府軍は、怒涛のように会津若松の街へとなだれ込んできた。もはや会津藩が、どこまで耐えられるのかという戦いでしかなかった。(会津新選組記念館蔵)

ついに会津の敗北そして事実上の新選組瓦解

軍備、兵力……どうみても勝機は無かった。土方は会津を見切り、東北の別の藩に移って体制を立て直す……と言い始めた。しかし、山口次郎と改名した盟友、斎藤一が反論した。ここで会津を見捨てれば、これまで受けた恩に報いることはできないというのが斎藤の意見だった。結局、土方は庄内に行くことを決め、斎藤は13名の隊士と共に会津にとどまることになった。

新政府軍は8月21日に母成峠を越え、猪苗代湖畔にある会津軍の戸ノ口原陣地に迫った。戸ノ口原の守備に付いていた、会津の少年兵で編成された白虎隊の二番隊は、この戦闘で生き延びた20名が近隣の飯盛山《いいもりやま》に逃れるが、全員自刃した悲劇はあまりに有名だ。進軍してきた新政府軍により、会津の鶴ヶ城はついに包囲される。会津軍は場外でゲリラ戦を展開して抵抗し続けた。斎藤一ら新選組の面々は越後街道沿い、神指城跡の如来道村に布陣したが、やがて新政府軍が襲来。瞬く間に壊滅に追い込まれてしまった。しかし、斎藤含め7名の隊士は生き残り、なおもゲリラ戦を続行。会津軍も鶴ヶ城に籠城し抗戦を続けていたその最中、慶応という元号は明治に改められた。そして会津軍は9月22日、ついに力尽き降伏した。この後会津藩は下北半島へと移さ

白河口から攻め上る新政府軍を食い止めるべく、新選組と旧幕府方が拠点とした小峰城。小さな出城での防戦が、旧幕府方の苦境を物語る。
（提供◎会津新選組記念館）

れることになるが、会津軍と共に最後まで戦った斎藤とほかの隊士達も共に下北へと移る決断をする。

斎藤と別れ、庄内へと赴いた土方だったが、すでに庄内藩は新政府軍に制圧されていた。次に向かった仙台藩も新政府軍と恭順することを決めていた。もはや八方塞がりとなってしまった土方が行ける場所は、会津周辺はおろか、本州にはもうどこも残ってはいなかったのである。

戊辰戦争最大の激戦地、会津を往く

白河口の戦いによって東北戊辰戦争の勝敗は決した

「白河以北一山百文」とは、戊辰戦争後、東北地方を蔑むための言葉として官軍から発せられたとされているが、東北は常に都から離れた辺境の地として蔑視の対象とされてきた。その歴史は、遙か古代にまで遡る。朝廷が整備した官道に設けられた鼠ヶ関、勿来関《なこそのせき》、白河関は奥州三関として蝦夷《えみし》の侵入を阻止するなどの目的で設けられた。これらの関を越えたその先が道の奥、「陸奥（みちのく）」である。陸奥とは、都人から見た未開の地であるが故、ロマンがかき立てられるのだろう。勝手なイメージと解釈で、美しい歌枕に仕立ててしまった。

「都をば霞とともにたちしかど 秋風ぞ吹く白河の関」――能因法師《のういんほうし》

東北人の劣等意識は、そうした僻地と蔑まれてきたことへのコンプレックスなのかもしれない。反面、東北人にとって、この白河は特別の意味を持っていた。「白河を越えられたらふるさとの東北に戦火が及ぶ」。戊辰戦争の戦火が東北に迫っていた時、白河を防御するため奥羽越列藩同盟の諸藩が白河に結集し、激しい攻防を繰り広げたのは、心情的には必然だったといえる。

慶応4年（1868）4月19日、旧幕府方が宇都宮の戦いに敗れ宇都宮城が陥落。足を負傷した土方歳三は島田魁、中島登、漢一郎、畠山二郎、沢忠助、松沢乙造の6人を従え会津田島を経て若松に入り、土方らよりも先に会津入りを果たしていた斎藤一と合流する。再会も束の間、会津藩の指揮下に入った斎藤と新選組の一部は、閏4月5日に白河口の戦いに向かう。新選組が投宿したという脇本陣『柳屋旅館』は、旅館そのものは無くなったものの、当時の蔵座敷が今でも残っている。白河城下の一郭にあり、最大の激戦となった5月1日の戦いにはここから出陣したとされる。

白河口の戦いは、慶応4年4月から7月にかけて、奥羽越列藩同盟側と新政府軍が白河城をめぐって熾烈な戦いを繰り広げた。同盟側の戦力4500以上に対し、新政府軍側は最大で約1500。戦況は、頭数で優る同盟側の軍に有利と思われたが、新政府軍側は関東での武力鎮圧が功を奏し、その戦力を次々に東北へと向けることができるようになり、別のルートから東北奥地へと侵攻。棚倉城や二本松城などを次々と落城させたことによって、白河よりも北側を制圧することに成功した。背後を奪われた列藩同盟側は白河周辺からの撤退を余儀なくされ、白河口の戦いは列藩同盟側の惨敗という形で終結する。この戦いによって、菊地央をはじめ多くの新選組隊士が戦死した。菊地央の墓は、白河市大工町にある天恩皇徳寺に、戦死人供養碑と並び葬られている。

白河市内を歩いていると、白河口の戦いで命を落とした両軍の墓や供養碑を至るところで目にする。白河の人々にとって、長年住み慣れてきた町を戦場にされた両軍に対して、どちらの側にしても快くは思っていなかったであろうはずなのに、丁重に弔っている。それらの墓所や慰霊碑は掃除が行き届き、花まで手向けられていたりする。それは、白河人の素性の良さなのだろうか、それとも歴史的な意義がほかにもあったのだろうか。答えを見い出すことなく、夕暮れに赤く染まる小峰城を横目で見ながら白河の地を後にした。

会津に入った土方歳三と新選組

会津に入った土方歳三は、鶴ヶ城城下の越後街道・米沢街道の旅籠として栄えた七

難攻不落の名城として謳われ、会津戦争の際には1カ月もの激しい攻撃に耐えた鶴ヶ城（若松城）。現在の天守閣は復元されたもので、内部は若松城天守閣郷土博物館になっている。

日町にある清水屋旅館に投宿した。この清水屋には、会津藩校に強い関心を抱いて視察に訪れた吉田松陰や、同志社の創設者である新島襄《にいじまじょう》とその妻の八重《やえ》が滞在している。現在、旅館は取り壊され銀行の敷地となっており、控え目な案内看板だけが往事の面影を知る手がかりとなっている。

宇都宮の戦いで深手を負った土方は、鶴ヶ城城下より東に位置する東山温泉(当時は天寧寺温泉と言われたとも)に通い、療養に専念したと伝えられている。土方が若松に辿り着いたのは、慶応4年4月29日で、再び若松を離れたのは母成峠《ぼなり》の戦いに敗れ庄内藩に援軍を求めに向かった同年8月23日である。

およそ4カ月もの間、会津の地に留まっていた土方は、東山温泉の湯に浸かりながら闘争と戦乱に明け暮れた5年の歳月を振り返り、何を思っていたのだろうか。局長と副長という立場で新選組を率いてきた、盟友・近藤勇の死。旧幕府軍側の戦況は日増しに強まり、多くの隊士を失いながら東北まで敗走してきた長い道のり。そして、これから大きく変わるであろう日本の行く末を案じていたに違いない。鬼の副長と怖れられ、数々の逆境を乗り越えてきた強靱な精神の持ち主であった土方だったが、鳥羽伏見の戦い以降、もっとも平穏で大きな戦いもなかった半年近くの間、彼の頭には

旧商家に遺る会津戦争の痕跡

会津若松市大町一丁目にある江戸時代後期に建てられた会津漆器商『鈴木屋利兵衛』の店内にある欅の大黒柱には、新政府軍が付けたとされる刀傷が残されている。店の人の話によると、戦いで付いた傷跡ではなく試し斬りの跡だという。

様々な思いが浮かんだに違いない。近藤や仲間の死を思い、苦悩したのではないだろうか。

そのような境遇を慰め、土方に生気を吹き返してくれたのが会津という土地柄だったともいえる。会津を訪ね歩くと、まず会津人の人柄の良さに感嘆させられる。会津の人々は朗らかに接してくれるが、決して礼節を失しない。時に、無骨とさえ思えるくらいに。そうした会津人気質は、かつての姿を再現した会津藩校「日新館」入り口に掲げられている「什《じゅう》の掟」を読むと、合点がいく。什とは会津藩士の子弟を教育する組織のことで、この組織の決まりがこの什の掟と呼ばれ

近藤勇・斎藤一の墓

写真上は、会津若松市七日町阿弥陀寺の敷地内にある斎藤一の墓（藤田家墓地）。写真下は、土方歳三が会津若松市東山町天寧寺に近藤勇の遺髪を埋葬し墓を建立したとされる。

るものである。これに背いた者は、子ども同士の組織であっても、年長年少を問わず罰則が加えられるという厳しいものだった。

什の掟

一．年長者の言ふことに背いてはなりませぬ
一．年長者には御辞儀をしなければなりませぬ
一．虚言を言ふことはなりませぬ
一．卑怯な振舞をしてはなりませぬ
一．弱い者をいぢめてはなりませぬ
一．戸外で物を食べてはなりませぬ
一．戸外で婦人と言葉を交へてはなりませぬ
ならぬことはならぬものです

この愚直ともいえる、まっすぐな精神性は今日の会津人のなかにも脈々と受け継がれ、それが現代の会津若松市を形成しているのだと感じる。

鬼の副長と呼ばれた土方もまた、この一本気な会津人の気質に触れ、自信と生気を取り戻していったのではないだろうか。母成峠の戦いから敗走してきた新選組が天寧

寺に宿陣した際、土方は近藤勇の遺髪をそこに埋葬し、墓を建立したといわれている。これも想像の域を超えないが、この時には既に自分の命があと僅かで、戊辰戦争の結末を見ることなく何処かの戦場で果てると予見していたのかもしれない。

会津藩の敗戦が濃厚となり新選組は各々の道を歩み始めた

新政府軍が会津藩領に迫ってくるなか、新選組は母成峠に集結した。そこには三番組組長の斎藤一の姿もあった。母成峠の戦いでは、旧幕府軍800に対し、新政府軍は2200。8月21日、新政府軍が2手に別れ母成峠を目指し進軍する。迎え撃つ旧幕府軍は3つの陣を構え応戦したが、圧倒的な兵力の前にわずか1日で勝敗が決着し、旧幕府軍の兵士は四散するように退却した。母成峠を制圧した新政府軍は翌22日には猪苗代に到着し、台風による豪雨にもかかわらず若松まで軍を進め、同日夕方には十六橋に到達。そして、23日午前に若松城下へと突入する。

この母成峠の戦いにおける土方歳三の動向はよくわかっていないが、退却の最中に猪苗代で斎藤と一端合流している。この時に斎藤は会津藩に忠誠を尽くすべく、会津に留まって最後まで戦うことを進言するが、土方は援軍を得るため庄内へと向かう。

そしてその後、土方と斉藤が再会することはなかった。

会津に残留した斎藤は、会津藩士と共に会津藩が降伏した後も新政府軍に抵抗を続けていたが、容保公が派遣した使者の説得により投降する。その後は、捕虜となり謹慎生活を送った。家名断絶となった旧会津藩は藩の再興を許され、下北半島に斗南藩を開いた。斎藤も会津藩士として五戸に移住し篠田やそと結婚。後に、元会津藩大目付高木小十郎の娘時尾と再婚する。その際の上仲人を元藩主・松平容保公、下仲人を元家老・佐川官兵衛、山川浩、倉沢平治右衛門が務めた。そして、容保公から藤田五郎という名を拝命し、以後生涯その名を名乗ったという。

藤田に改名した斎藤は、東京に移住し警視庁に採用され、西南戦争で活躍し、政府から勲七等青色桐葉章と金１００円を授与され、明治24年（１８９１）に退職。大正４年（１９１５）胃潰瘍のため72歳の生涯を閉じた。奇しくも永倉新八が死去した同年でもあった。斎藤一の墓は、会津若松市七日町の阿弥陀寺にある。斎藤の出生については武蔵国とされているが、一部には会津出身という見方もある。

会津の地を訪れて以来、斎藤は会津藩と共に戦い、そして会津藩士としての生涯を送った。なぜ、斎藤が土方と行動を共にせず、会津に残ったのかは定かでないが、普段から口数の少ない性格、愚直なまでの主君に対する忠誠心、剣術に長けて死をも怖れぬ強靱な精神力などといった気質を見ると、斎藤は最も会津藩士らしい気質を備えた武士だったといえるかもしれない。

北の大地に勝機を見い出そうと、東北を後にした土方歳三

援軍を求めて庄内を目指した土方だったが、既に恭順体制にあった庄内藩は土方が庄内へ入ることさえ認めず、藩境で足留めを余儀なくされ、庄内での援軍要請を諦め仙台へ向かうことを決意する。

仙台へと至る足取りは定かではないが、9月2日には、今の仙台市青葉区国分町（現在はオフィスビルが建っている）にあった「外人屋」という宿に榎本《えのもと》武揚《たけあき》やフランス人軍師のブリュネらと宿泊している。そして、榎本と共に奥羽越列藩同盟の軍議に参加。9月12日には榎本らと仙台城に登城し談判するも、仙台藩も既に恭順に傾いていたことから、話は決裂。榎本艦隊が停泊している近くの石巻へと移動し、箱館（現・函館）を目指す準備を進めていた。新選組は日和山の頂にある鹿島御児神社に屯所を構え、榎本は旧毛利邸に投宿。ここで度々軍議が開かれた。そのような最中、仙台藩、会津

藩、庄内藩が相次いで降伏。会津藩という後ろ盾さえも失われた新選組は、さらに追い詰められていく。

今は解体されてしまった旧毛利邸の2階座敷には、仙台藩のあまりの弱腰な姿勢に激昂した土方が付けたとされる刀傷が残っていたという。土方にしてみれば、次々と寝返っていく東北の諸藩の弱腰な対応と、武士としての誇りを捨てていくことへの憤りだったのかもしれない。しかし、もはや時代は武士の時代ではなくなっていたのである。

10月12日、土方率いる新選組は、艦隊に便乗する形で、現在の石巻市折浜から箱館を目指して出帆した。

新政府軍側に追い立てられ、北進する土方歳三と新選組。その門出は勝算の見込みなどまったくない絶望的な船出だった。にもかかわらず、ラストサムライは自らの死に場所を求めて最北の地を目指したのである。

会津藩主
松平容保の生き様

歴史の波に翻弄された悲運のラストエンペラー

松平容保は、天保6年(1836)12月29日、美濃国高須藩十代藩主・松平義建《よしたつ》の第6子として、江戸四谷の邸で生まれた。弘化3年(1846)4月27日、陸奥国会津藩第八代藩主・松平容敬《かたたか》の養子となり、嘉永5年(1853)に養父容敬が病死。この時に会津松平家の最後の藩主としての悲運の人生が決定づけられる。

そして彼は26歳で京都守護職を任された。宮中の女官たちから熱い視線を浴びるほど、現代風にいえばしょうゆ顔のイケメンだった容保だが、その甘いマスクとは裏腹に、京都での攘夷派に対する情け容赦ない取り締まりで、京都人からは忌み嫌われていたといわれている。実際、新選組による京都での活躍は、他方の見方をするならば執拗なまでに不逞浪士や攘夷派を弾圧した鬼の所業とでもいえなくもない。

会津藩に伝わる家訓が容保の心を突き動かした

文久2年（1862）、幕府人事の刷新により、越前国福井藩主松平春嶽《しゅんがく》が政事総裁職に就任する。桜田門外の変以降、倒幕の動きが顕著になり、京都では一部過激な攘夷派が暗殺をはじめ商家にゆすりたかりをするなど、世の中が大きく乱れていた。これに危機感を持った春嶽が京都守護職を打ち立て、その任を会津藩に引き受けるよう依頼した。

当時、家老である西郷頼母《たのも》をはじめ会津藩の家臣達は、皆一様に反対した。当の容保も固辞していたという。しかし、春嶽は執拗に容保に食い下がり、遂には会津松平家初代保科正之《ほしなまさゆき》が遺した『家訓15カ条』の第1条を手紙に引用したことによって容保の忠誠心を

松平容保《まつだいらかたもり》

天保6年（1836）に、美濃国高須藩10代藩主松平義建の第6子として江戸四谷で生まれたが会津藩松平家の養子となる。会津藩の家訓を守り、京都守護職を拝命。会津戊辰戦争後は日光東照宮の宮司となり、徳川宗家の菩提を弔う。最後まで一心大切に忠義に励んだ。

（容保公肖像画・会津白虎隊伝承史學館にて写す）

動かしてしまった。

「大君の儀、一心大切に忠勤に励み、他国の例をもって自ら処るべからず。若し二心を懐かば、すなわち、我が子孫にあらず　面々決して従うべからず」

歴史の評価を巡って、容保がこの京都守護職の任を引き受けたことをもって、愚かな殿様と揶揄する見方もあるが、若干20代で会津24万石のトップとなった若きリーダーにとって、藩の命運を決するこの選択はあまりにも酷なものであった。無論、藩の重臣たちに相談もせず、結論を出したのではない。反対していた家老達も、さすがにこの家訓の前では口を噤《つぐ》まざるを得なかった。それほどまでに、保科正之の家訓は会津藩にとって大切な心の拠り所であり、憲法のようなものだった。


容保こそ官軍であり、朝敵の汚名は事実無根

会津戊辰戦争終結後も、終生容保は肌身離さず、決して誰にも見せることがなかったという竹筒があった。容保の死後、遺族がその中身を見ると、それは二通の書状だった。京都守護職時代、容保の功績にいたく感銘を受けた孝明天皇から賜ったという御宸翰《ごしんかん》と御製《ぎょせい》だった。『京都守護職始末』(山川浩著・平凡社刊)には、この御宸翰を賜っ

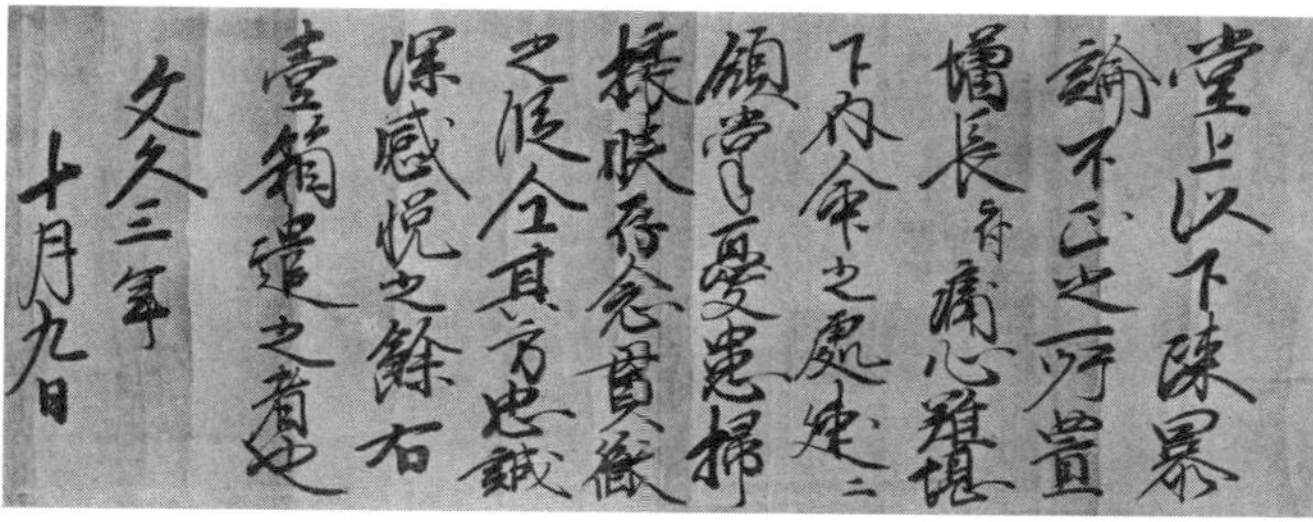

孝明天皇《こうめいてんのう》から下賜《かし》された御宸翰《ごしんかん》

「堂上以下陳暴　論不正之所置　増長付痛心難堪　下内命之処速ニ　領掌憂患掃　攘朕存念貫徹　之段全其方忠誠　深感悦之餘右　壱箱遣之者也　文久三年十月九日」

（『京都守護職始末』口絵より複製・会津白虎隊伝承史學館蔵）

た当時の経緯が克明に記されている。

「さきの八月十八日の一挙に、もしその所置が当を失っていたらゆゆしき大事になるべきところを、まったく卿の指導がよろしきをえたので、

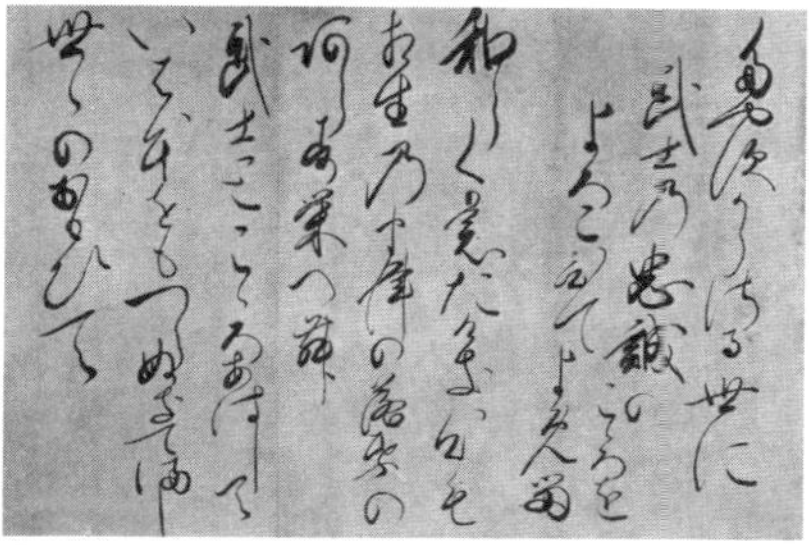

（『京都守護職始末』口絵より複製・会津白虎隊伝承史學館にて写す）

孝明天皇から
下賜された御製

たやすからざる世に
武士《もののふ》の忠誠の心を喜びてよめる
和《やわ》らくも武き心も
相生の松の落葉のあらす栄へん
武士《もののふ》と心あはして
いはほをも貫きてまし
世々の思ひ出

取り壊し直前の若松城

明治５年（1872）、パリ外国人宣教師らによる日本国内旅行の際、同行した日本人写真家が撮影したとされる取り壊し直前の鶴ヶ城天守閣。明治７年（1874）、天守などの建造物が解体撤去された。（会津白虎隊伝承史學館蔵）

すみやかに鎮静した。深く叡感あらせられるところである。よって、重く賞賜あらせられたい叡慮ではあるが、卿のみに賞賜があると、かえって物議を生じかねない。そのようなことがあれば、卿もまた心安じないであろう。ゆえに、予から、ひそかに宸筆の御書と御製を下し賜う次第である。もとより、ごくごく秘密な御内賞のことであるから、その点をよく心得て、表立って御礼などということは堅

松平容保之墓

容保は明治26年（1893）12月５日、目黒の自宅で59歳の生涯を閉じた。死の前日、明治天皇の英照皇太后から牛乳が下賜され、容保は感涙にむせびながら飲んだという。歴代松平家藩主と共に、会津若松市の会津藩主松平家墓所に眠っている。

くつしむように」と前置きされ、御宸翰と御製を下賜された。

孝明天皇の御宸翰には、「堂上以下、暴論を疎ね不正の処置増長につき、痛心に堪え難く、内命を下せしところ、すみやかに領掌し、憂患掃攘、朕の存念貫徹の段、まったくその方の忠誠にて、深く感悦のあまり、右一箱これを遣わすもの也」とあったという。孝明天皇は容保の忠誠心を高く評価し、深く感悦とまで賞賛している。また、容保が京都守護職として行ったことは、孝明天皇の意であり、内命であったということがわかる。このことから、本当の帝の意は容保にあったはずだが、薩長を中心とした新政府軍は自らを官軍と称して錦の御旗を立て、逆賊の汚名を容保ひとりに押しつけた。本来ならば、容保よりも徳川幕府の将軍徳川慶喜にその矛先が向けられるべきはずだが、慶喜は形勢が不利になると見るや否や恭順に傾き、江戸城を無血開城。慶応3年（1867）10月14日、大政奉還してしまう。

愚直なまでに忠誠を貫いた人

将軍慶喜に見捨てられ、失意のうちに会津藩に戻り謹慎していた容保を新政府軍は容赦しなかった。江戸城が無血開城したことによって、手柄を得たかった血気盛んな勢力のガス抜きに利用されたという説もあるが、会津藩だけがことの騒動の責任を一身に引き受ける形となり、会津戊辰戦争へと突入。若松城下まで攻め込まれた会津では、白虎隊と呼ばれる少年隊士や藩士の子女までが戦死もしくは自刃して果てた。

京都守護職始末《きょうとしゅごしょくしまつ》

会津藩家老山川浩が編述者で、会津藩士で東京帝国大学の学長を歴任した弟の健次郎執筆による書。明治44年11月20日初版で、当時は非売品だった。後に平凡社から同書名で出版されている。当初、政治的混乱を招くとしてなかなか発刊を許されなかった。
（会津白虎隊伝承史學館蔵）

会津戊辰戦争終結後も悲劇は続く。断絶した松平家は異例の早さで、明治2年（1869）に再興を許され、斗南《となみ》藩と称して下北半島に3万石を得た。しかし、本州最北の極寒の原野に移住した藩士とその家族、領民2

万人余りの生活は困窮を極めた。

　容保も一時、斗南に入ったが、すぐに東京に呼び戻され、日光東照宮の宮司として徳川宗家の菩提を弔うこととなった。徳川慶喜に見捨てられたにも関わらず、容保は徳川家に対する忠誠を終生貫いた。

　容保は、孝明天皇からの御宸翰と御製を公にすることはなかった。それは孝明天皇から内密にとの意向を汲んでの配慮からであった。しかし、先の京都守護職始末の内容が事実とするならば、孝明天皇は御宸翰の内容を公にするなとは決して言っていない。表立って御礼するなと言っていたのである。もし、朝敵の汚名を着せられた時、自らが官軍であると御宸翰を世に明らかにしていたならば、会津藩の命運は大きく変わっていたであろう。それを頑なに隠し通した容保の実直さと潔さに、深い敬愛の念を禁じ得ない。

第二章　略年表

1865（元治2年）

1月8日——大坂駐屯の谷三十郎・谷万太郎・正木直太郎らが石蔵屋を襲撃
1月27日——大坂の堂島中二丁目天満屋半兵衛支配の借家を襲い尊皇攘夷派23人捕縛
2月23日——山南敬助、脱走の罪により切腹（沖田総司が介錯）
3月10日——屯所を壬生の前川邸から西本願寺へ移す

1865（慶応元年）

4月7日——改元
5月22日——将軍家茂の入洛にあたり、三条蹴上に新選組が出迎え、二条城まで警護
5月25日——将軍家茂の下坂に伴い、伏見街道藤ノ森まで警護
11月4日——長州訊問使永井主水正尚志に随行して、近藤勇・伊東甲子太郎ら広島へ出立
12月16日——広島出張中の永井主水正帰路につくも、近藤勇ら新選組は広島に残留して岩国方面を視察

1866（慶応2年）

1月21日——薩長同盟が成立
1月24日——小笠原壱岐守長行・永井主水正らの広島出張に随行するため、近藤勇の出張が命ぜられる
1月28日——近藤勇・伊東甲子太郎・尾形俊太郎・篠原泰之進、小笠原壱岐守らに先立ち出立
2月3日——近藤勇ら広島入り
2月12日——勘定方河合耆三郎、会計の不足で斬罪
4月1日——谷三十郎、祇園石段下で殺害される
7月20日——14代将軍家茂、逝去

9月12日　新選組、政札投棄の警備。土佐藩士8人と乱闘の末、藤崎吉五郎を斬殺、宮川助五郎を捕縛
12月5日　一橋慶喜、15代将軍となる
12月25日　孝明天皇崩御

1867（慶応3年）

1月1日　伊東甲子太郎・永倉新八・斎藤一ら島原の角屋で酒宴、4日に謹慎
3月10日　伊東甲子太郎・鈴木三樹三郎・篠原泰之進ら山陵奉行戸田大和守忠至に属し御陵衛士を拝命
3月20日　伊東ら16士、新選組屯所を出て三条の城安寺に移る
6月10日　近藤勇・土方歳三ら新選組105名、幕府召し抱えとなる
9月20日　近藤勇、永井主水正の紹介で土佐の後藤象二郎に会し、再見を約す
10月14日　将軍慶喜、武家伝奏を通して大政奉還を奏上、翌日許可される
11月15日　河原町通りの近江屋で坂本龍馬・中岡慎太郎が襲われる。龍馬は即死、中岡は2日後に死亡
11月18日　伊東甲子太郎、油小路木津屋橋で大石鍬二郎らに要撃され本光寺で斬られる。亡骸を引き取りに出向いた、伊東甲子太郎の実弟鈴木三樹三郎ら、新選組の要撃を受け、藤堂平助・服部武雄・毛内有之進が斬殺
12月9日　王政復古の大号令

1868（慶応4年）

1月3日　鳥羽・伏見の戦い勃発。5日には淀千両松で井上源三郎戦死
1月10日　新選組、富士山丸と順動丸に乗艦し江戸へ向かう
3月1日　甲陽鎮撫隊と称して甲州へ出立、6日に甲州勝沼で敗退
3月11日　永倉新八・原田左之助ら靖兵隊を組織し、近藤・土方らと決別
3月14日　五箇条の御誓文が布告される

第三章　新選組最後の戦い、北の大地へ

1868年
明治元年

9月12日〜
10月21日

まだ見ぬ土地に翻る「誠」の旗

新政府のやり口に業を煮やし脱出した榎本艦隊

慶応4年（1868）8月19日、旧幕府海軍副総裁・榎本武揚は、新政府の旧徳川幕府への処分を不服に思い、旗艦・開陽丸をはじめとする8隻の大艦隊を率いて品川沖を脱出。奥羽越列藩同盟側支援のため、仙台へと向かったのである。しかしその途中、嵐に遭遇し咸臨丸《かんりんまる》と三嘉保丸《みかほ》を失い、開陽丸やその他の船も損傷。8月26日、6隻の陣容となった艦隊は石巻の港に錨をおろした。

ようやくたどり着いた奥州戦線だったが、すでに時遅く戦いの帰趨は見え始めていて、戦局を転化するまでには至らないことがわかった。各地で勇猛に戦っていた新選組も多くが戦死、または戦線から離脱した。

明治と改元された後の9月12日、土方歳三は榎本武揚と共に、仙台青葉城に姿を見せた。会津では籠城戦が続いていて、土方からすれば、まだ挽回の余地は残されてい

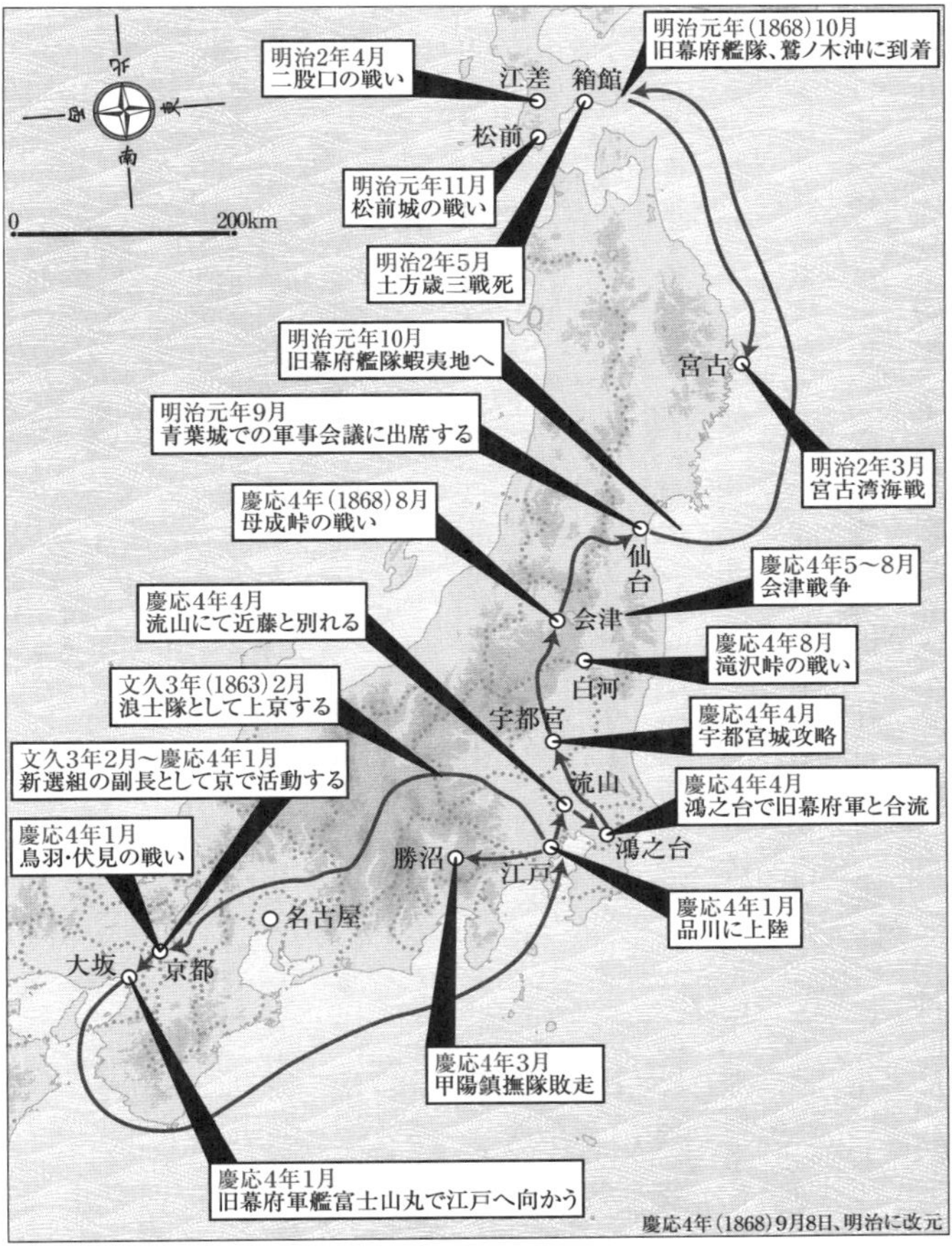
明治元年(1868)10月
旧幕府艦隊、鷲ノ木沖に到着
明治2年4月
二股口の戦い
江差
箱館
松前
明治元年11月
松前城の戦い
0
200km
明治2年5月
土方歳三戦死
明治元年10月
旧幕府艦隊蝦夷地へ
宮古
明治元年9月
青葉城での軍事会議に出席する
明治2年3月
宮古湾海戦
慶応4年(1868)8月
母成峠の戦い
仙台
慶応4年5～8月
会津戦争
慶応4年4月
流山にて近藤と別れる
会津
慶応4年8月
滝沢峠の戦い
白河
文久3年(1863)2月
浪士隊として上京する
宇都宮
慶応4年4月
宇都宮城攻略
文久3年2月～慶応4年1月
新選組の副長として京で活動する
流山
慶応4年4月
鴻之台で旧幕府軍と合流
慶応4年1月
鳥羽･伏見の戦い
勝沼
江戸
鴻之台
名古屋
慶応4年1月
品川に上陸
大坂
京都
慶応4年3月
甲陽鎮撫隊敗走
慶応4年1月
旧幕府軍艦富士山丸で江戸へ向かう
慶応4年(1868)9月8日、明治に改元

土方歳三
戦いの軌跡

文久３年(1863)に江戸を後にした土方は、明治２年(1869)に箱館で斃(たお)れるまでの６年余り各地を転戦する。当時の人の感覚からすれば、まさに世界を駆け巡りながら戦っていたようなものであっただろう。

榎本武揚《えのもとたけあき》

天保７年（1836）江戸に生まれる。長崎海軍伝習所に入り、文久2年（1862）にはオランダに留学。慶応４年（明治元・1868）に海軍副総裁となる。

（函館市中央図書館蔵）

た。しかし仙台での軍議は実りのないものであった。煮え切らない宿老達の態度に、土方は席を蹴って退出したといわれている。

やがて不利な戦況を見極め、仙台藩は新政府に降伏することを決定する。そのため仙台近くの港にいられなくなった榎本艦隊は、最終目的地である蝦夷地へ向かうための準備を始めた。その頃、各地で戦っていた新選組や旧幕府軍は榎本艦隊の到着を知り、仙台を目指して転進を開始する。北関東や東北各地で戦った大鳥圭介、土方歳三が率いていた伝習隊、古屋作佐衛門の衝峰隊、仙台藩の降伏を不服とする星恂太郎の額兵隊、会津藩松平容保の弟で桑名藩主松平定敬などが、続々と榎本艦隊に集結したのである。

これらの人や兵が加わり、榎本軍は２５００名以上の陣容となった。９月22日、ひと月近く籠城を続けていた会津藩が降伏。10月９日、艦隊に長崎丸、太江丸、鳳凰丸、千秋丸が加わり、威風堂々たる艦隊編成が整った。そして10月12日、蝦夷地に向かっ

この絵は榎本艦隊が鷲ノ木に到着した際の様子を描いたもの。開陽丸の機関長を務めていた小杉雅之進が書いた記録『麦叢録』に納められている附図のなかの１枚。箱館戦争を知る上で、大変貴重な資料とされている。（函館市中央図書館蔵）

て出航したのである。

翌13日、宮古湾で錨を下ろした艦隊は、兵糧や薪水を補給。見知らぬ北の大地を目指すことになった土方の胸中はどんなものであっただろうか。あるいは自分にふさわしい死地を求めることだけを目的に、身を投じていたのかも知れない。そして補給が終了した17日、艦隊はいよいよ抜錨し、新天地蝦夷地へと針路を向け、宮古湾を後にしたのである。

荒れる北の海に向かい鷲ノ木に上陸する

蝦夷地を目指した榎本艦隊は、諸外国の艦船が集まっている箱館湾を避け、現在は函館本線の森駅が近くにある内浦湾の鷲ノ木浜へと向かった。軍艦で箱館に向かい、諸外国の船舶に混乱を与えるのは得策ではない、と考えたのだ。これは優れた国際感覚、知識の持ち主であった榎本らしい判断といえる。

艦隊は一路目的地の鷲ノ木に向かい、20日に到着したとされているが、実際には厳しい風雪に阻まれ、一時室蘭に避難した艦もあった。結局、19日から23日にかけて各艦が到着したのである。そして回天から30名ほどが上陸し、箱館府の役人に翌日から兵が上陸することを伝え、宿泊所の手配を依頼している。

20日から本格的に兵の上陸を開始。しかし波浪のため上陸用のボートが転覆したり、船から海に落ちたりして、16名の犠牲者が出てしまう。それでも何とか陣容を整え、21日からは目的地である箱館に向け、進軍する態勢を整えたのであった。

1868年
明治元年

10月21日～
10月26日

わずか五日間で牙城を攻略

無駄とは知りつつも、まずは交渉による解決を図る

明治元年（１８６８）10月21日、まず遊撃隊の人見勝太郎と伝習隊30余名を率いる本田幸七郎が箱館に向け先発した。これは箱館府知事の清水谷公考に嘆願書を手渡すのが目的である。その内容は「徳川家が蝦夷地を借用する件は、かねてから朝廷へ願い出ている通りである。ついては許可が下りるまでの間、箱館府で我々の身柄を預かってもらいたい。万が一それが許されない場合は戦いも辞さないつもりである」という、嘆願とも強訴ともとれるもの。

この時、榎本武揚が擁していた艦隊は日本最強であったし、陸戦隊も戊辰戦争を戦ってきた新選組や彰義隊の精鋭、さらには最新の装備を備えている伝習隊や額兵隊など３０００名近くの大兵力。このまま箱館府との戦いになったとしても、十分に勝てる戦力だ。しかしすぐに戦争に踏みきれば、榎本軍は完全な朝敵となってしまい、新

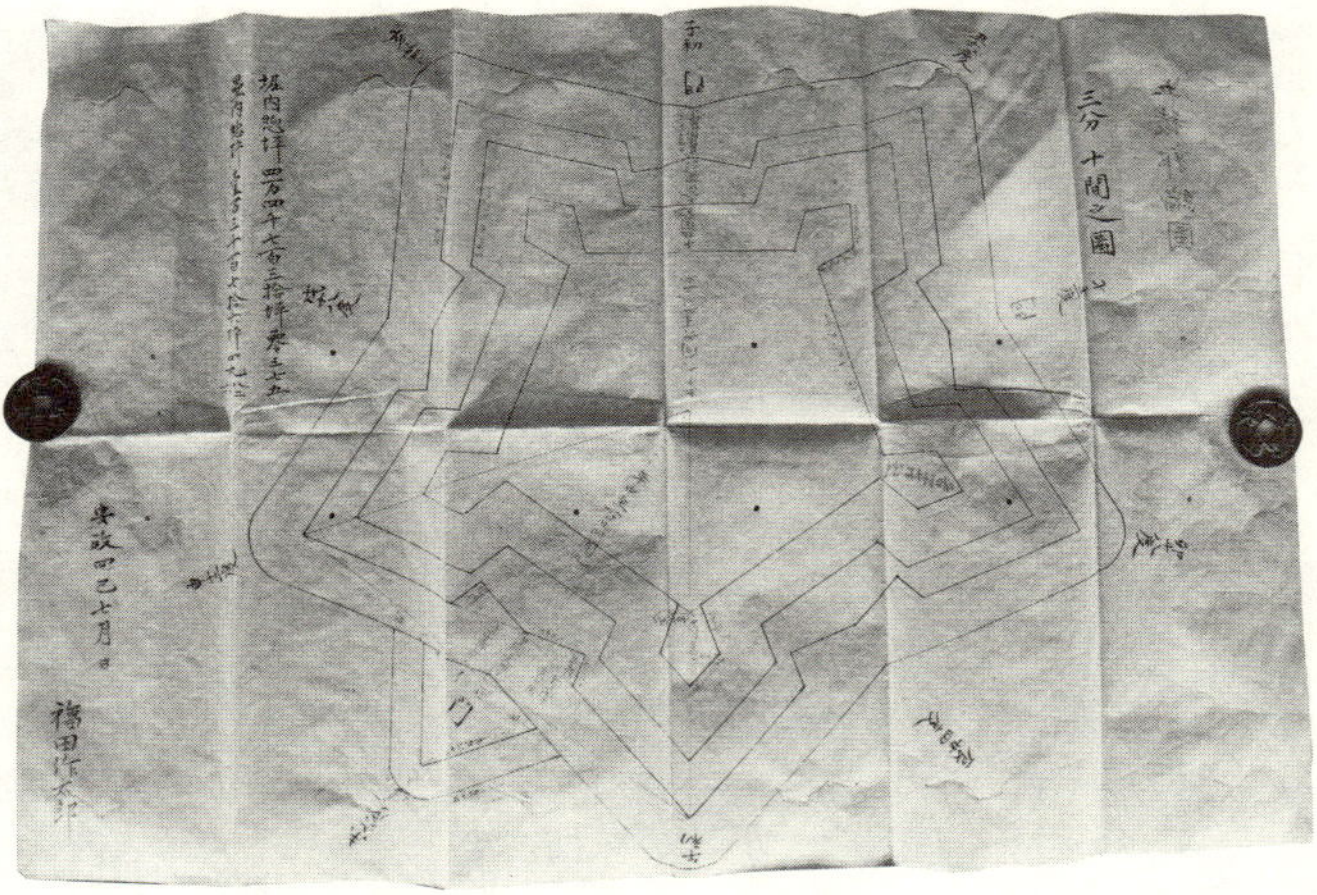

五稜郭着工時の設計図

五稜郭が着工された当時、安政４年（1857）に描かれた設計図。５枚が最後に残された、大変貴重なものだ。作図者は福田作太郎となっている。福田は神奈川奉行支配組頭、初代鉄砲製造奉行を経て歩兵差図役頭取などを歴任している。

（土方歳三函館記念館蔵）

政府との交渉の道が閉ざされてしまう公算が大きくなる。そうした事態を避けるために、無駄とは知りつつもまずは交渉に臨んだのである。

その一方で、戦いに備えることも怠らなかった。人見たちの交渉隊が出立した翌日には、大鳥圭介を隊長とする伝習隊、遊撃隊、新選組、砲兵隊など７５０名を、人見一行の後を追うように出発させた。

それとは別に土方歳三を隊長とする額兵隊、陸軍隊400余名を、駒ヶ岳を海側から回りこむように迂回させ、川汲峠経由の道筋で箱館に向けて進軍させた。後続として古屋作久衛門率いる衝峰隊も出発している。

つまり峠下方面に進軍した主力部隊には、実戦経験が豊富な隊と砲撃の専門部隊を当てた。迂回部隊には当時の最新の洋式装備を備えている額兵隊を中心にして、卓越した指揮能力を発揮すると考えられた土方歳三を隊長に据えたのである。さらに後続には信州などで新政府軍と戦ったことのある衝峰隊を当てた。戦争となった際には峠下の主力部隊と呼応して、側面から箱館を攻撃するのが目的だった。

その頃、鷲ノ木からの伝令で榎本軍の上陸を知った清水谷公孝は、これを迎え撃つために津軽藩、備後福山藩、越前大野藩、松前藩からの兵と箱館府兵を峠下方面に向けて出発させたのである。

武田《たけだ》斐三郎《あやさぶろう》成章《なりあき》

箱館諸術調所教授役となり五稜郭や弁天台場などを設計した。大洲藩（愛媛県）出身ながら優秀さが認められ幕臣となる。榎本武揚も教え子のひとり。

（函館市中央図書館蔵）

各地で勝利を収めた榎本軍、わずか5日で箱館を占領

10月22日の夜半、峠下村の宿に宿泊中の人見一行を箱館府軍が砲撃したことで、箱館戦争の火蓋が切って落とされた。不意を襲われ当初は混乱した人見隊だが、すぐに態勢を立て直して反撃を開始した。さらに後続の伝習隊と合流。わずか数時間で箱館府軍を退けている。

榎本軍はすぐさま軍を立て直し、箱館に向けて進軍。迎え撃つ箱館府軍は大野、七飯ラインに陣を敷いた。七飯方面の軍を指揮していたのは箱館府兵事取扱役の堀真五郎。久坂玄瑞や高杉晋作らに従って国事に奔走した長州人である。その分、新選組を擁する榎本軍への対抗心は、並々ならぬものがあったに違いない。

榎本軍は大野、七飯の両陣地を攻略するべく軍を二分し、10月24日に攻撃を開始した。練度、装備、士気のいずれも劣る箱館府軍はすぐさま苦境に立たされ、指揮官の堀も負傷してしまう。堀は守備陣地であった戸切地陣屋を焼き払い、箱館へと撤退していった。

同じ日、土方率いる別働隊も川汲峠で箱館府軍と対峙していた。こちらの戦線も土方軍の奇襲により、箱館府軍はすぐに敗退。こうした各地の敗戦を聞いた箱館府知事

の清水谷は、五稜郭を放棄することを決め、25日にはチャーターしたプロシアの船で青森へと脱出してしまう。

清水谷が箱館を脱出した翌日、土方率いる部隊が、川汲峠側から進撃してきた一連隊を先頭に五稜郭に入城した。別働隊が先に五稜郭に達したのは、峠下方面の主力部隊が峠下、大野、七飯と戦いが続いたため、進軍が遅くなったからだ。

五稜郭入城の報が届くと、榎本はすぐさま艦隊を箱館へ回航させた。箱館に住む外国人に配慮し、艦隊は1発の砲も放たず、粛々と入港した。そしてすぐさま箱館の運上所(倉庫)を抑えた。こうして榎本軍は蝦夷地上陸5日目にして、大きな被害を被ることもなく、箱館を占領することに成功したのである。

1868年
明治元年

10月28日～
11月11日

歳三、わずか七〇〇の将兵で出陣

松前藩との戦いも避けられず土方が総司令官となる

五稜郭《ごりょうかく》に入城を果たしたわずか2日後の10月28日、土方歳三は７００の兵を率いて松前城攻略に出陣した。当時、松前は蝦夷地で唯一の藩だった。先代藩主松前崇広《たかひろ》は、かつて江戸幕府の老中を勤めたほど優秀な人物で、しかも開明派のひとりであった。しかし十四代将軍継承問題で大老の井伊直弼と対立して失脚。失意のうちに没してしまう。

その後、松前徳広が藩主となったが、徳広は病弱で藩政は重臣たちが担っていた。その頃の藩論は重臣達が中心の佐幕派であったが、榎本らが蝦夷地に上陸する3カ月前、徳広の異父弟である鈴木織太郎を中心とするクーデターが起こり、藩論を一気に尊王派へと転化してしまう。そのため朝敵となった榎本軍との共闘は考えられないこととなる。

土方が馬で駆け上がったという言い伝えが残る馬坂。この付近にあった馬坂門の大砲に手を焼いた土方は、決死隊を送り込み城内へ斬り込んだ。

しかし無用の戦いを避けたかった榎本軍は、捕虜にした松前藩士を使者にたてたが、城側はこれを斬殺。さらにもう一度送った使者も殺されてしまったので、榎本は松前藩との戦闘を決意したのである。そこで榎本は土方を松前攻略の総司令官に任命し、早くも作戦を開始した。

土方軍は11月1日、知内で松前藩の奇襲を受けたがこれを撃退。翌2日は福島において本格的な戦闘が始まった。この戦いで松前軍を指揮していたのは鈴木織太郎である。だが鈴木は戦闘指揮中に負傷し、後退を余儀なくされた。その後、松前軍は総崩れとなって敗退する。

負け知らずの土方軍、決死隊を送り込み松前城を奪取

松前城は別名福山城とも呼ばれていた。嘉永2年（1849）、幕府はロシア艦が頻繁に出没するようになると、北方警備を目的として、それまで館程度だった松前藩の居館の改築を、当時の藩主松前崇広に命じた。異国船の海上からの攻撃に備えるため、城の三ノ丸には海上に向けて7門の大砲が備えてある。しかしいずれも旧式であったため、実際の戦争では役に立たないものとされていた。それが皮肉にも同じ日本人が乗る軍艦に向け、発砲されたのだ。

11月1日、榎本軍の蟠龍が偵察のため松前沖に現れた時、松前藩は城から砲撃を開始した。しかし砲が旧式で射程が短いため、砲弾が艦まで届かず最初はまったく命中しなかった。ところが海上の風と波の激しさで、蟠龍は操船が思うよう

上／松前城を写した古写真。外国の脅威に備えるにはあまりに旧式だった。左／松前城は日本式天守閣を最後に建てた城であった。箱館戦争、太平洋戦争でも残されたが戦後の火事で焼失。現在のものは鉄筋コンクリートで外観を復元したもの。
（写真上・函館市中央図書館蔵）

にできず、自ら砲の射程距離に入ってしまい、船体と舳先にそれぞれ一発ずつの命中弾を受けてしまう。損害は大したことがなかったが、蟠龍はそのまま箱館に引き揚げることになった。

11月5日、知内方面の戦いに勝利し士気の上がる土方軍は、松前城攻略に乗り出した。囮部隊が城を攻める間に、別の一隊が高台を占拠。そこから大砲による砲撃を行ったため、松前軍は城に逃げ込んだ。城の馬坂門では、大砲を撃つ瞬間に門を開けて、すぐにまた閉める戦法を用い、土方軍を悩ませた。

土方らが対策を協議した結果、決死隊を編成して門の両端に潜ませ、松前勢が門を開いた瞬間に斬りこませた。その結果、奇襲を受けた松前勢は混乱し、馬坂門突破に成功。

こうして劣勢に追い込まれた松前軍は、城下に火を放って江差方面へ退却を開始。城は榎本軍によって完全に制圧された。11日には松前軍を追いかけ、早くも土方軍が松前を出立する。蝦夷地での土方は、まさに常勝将軍であった。

1868年
明治元年

11月10日～
11月15日

開陽丸、江差に沈む

別ルートから江差を目指す松岡隊も快進撃を見せる

土方麾下《きか》の軍が松前攻略のため、五稜郭を後にしてから10日ほど経った11月10日、松岡四郎次郎率いる一連隊は稲倉石、館村方面経由で江差へと向かうルートで進撃を開始。13日早朝、松前軍は稲倉石の関所で榎本軍の襲来を待ち構えていた。戦端が開かれた当初は一進一退の攻防であった。しかし昼頃には松前藩側の大砲の弾薬が尽きてしまう。その隙を榎本軍に突かれ、松前藩兵は館城への退却を余儀なくされた。

稲倉石を突破した榎本軍はさらに進軍し11月15日早朝、館村にある館城攻略に向かった。館城（新館城）というのは、松前城は海から近く軍艦から砲撃される危険があるということで、江差東方の内陸部に松前藩が建て始めた城である。しかしこの時は建設開始から2カ月しか経っておらず、城といっても土塁に板塀が建つだけでしかなかった。しかも守備兵は１００人にも満たない。

地形の関係で大砲を持ち込むことができなかった榎本軍は、なかなか突破の糸口が掴めずにいた。やがて榎本軍の伊奈誠一郎と越智一朔が、銃弾が飛び交うなか決死の覚悟で城に近づき、門の下をくぐり城内に侵入。中から門のかんぬきを開けたことで、一気に榎本軍が城内に雪崩れ込んだ。そのため守備兵のほとんどは戦意を失って退却してしまう。

こうして榎本軍は、江差へ向かう障壁を取り除いたのである。すぐさま城に火を放ち、江差へと進軍を開始する準備が進められた。榎本軍は鷲ノ木に上陸して以来、まさに連戦連勝が続いていた。ところがこの江差戦線において、そんな戦勝気分に冷や水を浴びせるような出来事が起きてしまうのである。

榎本艦隊旗艦の開陽丸はその性能を発揮せずに沈む

これまでの榎本軍の勝利は、そのほとんどを陸軍が担っていた。鷲ノ木に到着して以来、海軍は松前城攻略の際、陸軍のための援護砲撃を行った程度。この状況に陸軍からだけではなく、働き場が与えられない海軍からも不満の声が上がった。そこで榎本武揚は銚子沖で嵐に見舞われた際、舵を破損していた開陽丸の修理が終わったのを

引き揚げられた開陽丸の一部。鉄板で覆われてはいるものの、その内側の多くは木材が使われているため、原型をとどめるのは難しい。

オランダに残されていた設計原図をもとに、復元された開陽丸。内部には海底から引き揚げられた遺物約3000点が展示されている。当時の最新式大砲や生活用品なども興味深い。

『麦叢録附図』に描かれている、江差沖での開陽丸座礁の様子。江差の海底は岩盤質のため、錨が食い込みにくいことも災いした。救助の神速丸も沈没した。
(函館市中央図書館蔵)

幸いに、開陽丸を江差に向かわせ、海上からの砲撃でこの地を攻略する作戦を立てた。

これで戦いっ放しの陸兵を休ませることができるうえ、海軍の将兵にも手柄を立てさせることができる。榎本はそう考えたに違いない。ただ海上が荒れる季節だけに、危険を冒して艦隊旗艦の開陽丸を動かすことに、異を唱える幕僚も多かった。

しかし11月14日、開陽丸は錨を上げて箱館港を後にした。翌15日に江差沖に姿を現した開陽丸は、威嚇のために江差港付近に浮かぶ鴎島《かもめじま》に向けて砲撃した。ところが島からの反応がなかったので、さらに山に向けても撃ってみた。それでも反応はないので、斥候を上陸させて確認させたところ、松前兵はすでに退却した後であった。そこで榎本は船に必要最低限の兵を残し、残りは江差に上陸して付近の寺に泊まった。

ところが穏やかだった海は、夜になると強風が吹いて荒れ始めた。風と波に翻弄された開陽丸は、錨を引きずりながら陸に向かって流され始める。これに気づいた機関長の中島三郎助はすぐに錨をあげ、蒸気機関を始動させ沖への脱出を試みた。しかし時すでに遅く、開陽丸は海底の岩に乗り上げ座礁。その際にできた船底の傷から海水が入りこんできた。中島は陸に向け大砲を撃ち、反動で脱出を試みるなど様々な策を試みたが、座礁から10日後、ついに開陽丸は江差の海底に姿を消した。

1869年
明治2年

3月20日～
3月23日

劣勢挽回の宮古湾海戦で挫折

乾坤一擲の突入作戦を発動し、敵の主力艦を奪い取れ

明治2年（1869）の正月は、榎本軍にとって手放しに祝える状況ではなかったのではないだろうか。松前城を陥落させ、一応は蝦夷地統一を果たしたことになるが、春になれば新政府軍が態勢を整えて、反撃に出てくることは火を見るより明らかである。しかし最も頼りとしていた開陽丸を失ってしまったことで、大幅な戦力ダウンは否めない。

榎本武揚は軍を再編成すると共に、制海権を絶対のものにするための作戦を立てた。それは新政府軍が新たに入手した「甲鉄艦」を奪取する、というものだ。この最新艦は局外中立を宣言していたアメリカが、それを撤廃して新政府側に譲り渡したもの。これで主力である開陽丸を失った榎本軍との海軍力が逆転してしまったのである。

甲鉄艦の排水量は開陽丸の半分以下であったが、出力は開陽丸の2倍以上も出せる

蒸気機関を装備。しかも木造の船体に厚さ10〜70㎜の鉄板装甲が施されている。搭載されている30ポンドアームストロング砲は、開陽丸のクルップ砲よりも高性能であった。さらに1分間に約350発も発射可能なガットリング砲も2門搭載する、強武装艦だったのである。

2重3重の不運が重なり甲鉄奪取作戦は頓挫する

榎本軍の作戦は、補給のために宮古湾に入港するであろう新政府艦隊に回天、蟠竜《ばんりゅう》、高雄（秋田藩から拿捕）の3艦を差し向け、蟠竜と高雄が甲鉄艦を挟み、斬り込み隊を送り込む。回天は他の艦を砲撃しつつ牽制する。斬り込み隊は操舵室と機関室を制圧し、甲鉄艦を奪取する、というものだ。攻撃開始までは、第三国の旗を掲げて近づくことも決定。これは国際法で認められた行為であった。

この作戦は回天艦長、甲賀源吾の提案。彼は箱館戦争に同行していたフランス士官から、作戦のヒントを得たといわれている。3月20日に偵察隊から新政府艦隊が宮古湾に入港した情報が伝わる。22日、3艦は揃って宮古湾に向け出撃した。

ところが翌日、艦隊は不運にも嵐に遭遇、蟠竜がはぐれてしまう。仕方なく2艦で

甲賀源吾《こうがげんご》

元掛川藩士。築地の幕府軍艦教授所で学びオランダ語、英語、数学、操船を学んだ逸材であった。東郷平八郎元帥をして「天晴れな勇士」と讃えている。

（国立国会図書館蔵）

宮古湾を目指すが、今度は高雄が蒸気機関のトラブルで遅れてしまった。結局、宮古湾突入は回天１艦で行われることになった。

新政府艦隊の乗組員は完全に油断していた。アメリカ国旗を掲げた軍艦が近づいて来ても、誰も気にしなかったのだ。ところがその艦はアメリカ国旗を降ろし、日本の国旗をあげて全速力で甲鉄艦へと向かったので新政府軍側は驚き混乱した。

しかし回天は外輪船だったので横付けができず、舳先から突っ込んだ。そのため少人数ずつしか乗り移れないうえ、回天の甲板が３ｍほど高かったため、躊躇する者も多かった。

やがて態勢を立て直した甲鉄艦の乗組員がガットリング砲を放った。甲賀艦長は左足や右腕を撃たれ、ついに頭を打ち抜かれて戦死。やむなく艦隊司令の荒井郁之助は、作戦中止の断を下したのであった。

回天は木造外輪式の蒸気船で、3本のマストを有するコルベット艦。排水量は710トン、蒸気機関は400馬力。プロシア(ドイツ)で製造、イギリスで改装された。11門の大砲を装備した、開陽丸なき後の榎本艦隊旗艦。(箱館奉行所にて写す)

左／外輪が邪魔で横付けできないため、舳先から甲鉄に接舷した回天。(『回天艦長　甲賀源吾傳』(昭和8年刊)口絵より)

下／宮古湾海戦時の回天を描いた絵。甲賀艦長の卓越した操船術、戦闘指揮をもっても戦局は挽回できず。(『回天艦長　甲賀源吾傳』(昭和8年刊)口絵より)

1869年
明治2年

4月6日～4月29日

鬼神の如く政府軍を撃退

春と共に新政府軍はついに蝦夷地への上陸を敢行

新政府軍は明治2年（1869）2月頃、すでに青森に兵を集結させていた。だが蝦夷地上陸は雪解けを待ってからとなり、箱館の外国領事に避難勧告を出す。そして4月6日に甲鉄、春日、陽春、丁卯の護衛を受けた2隻の輸送船に長州や松前の兵約1500人を乗せ、江差の北方に位置する乙部村に上陸した。

新政府軍の上陸は本州に近い吉岡付近だと想定していた榎本軍は、完全に虚を突かれてしまう。急いで1連隊3小隊を派遣するが、すでに新政府軍は上陸を終えていた。兵力と武器の差も著しく榎本軍は敗退。新政府軍はすぐに3隊に分かれ、進軍を開始する。江差の榎本軍守備隊は陸兵の攻撃と共に艦砲射撃にも晒されたため、すぐに松前へ退いた。

松前に集結した榎本軍は江差奪還を画策するが、新政府軍は続々と援軍を上陸させた。４月10日になると新政府軍は江差から木古内《きこない》へと進軍する。そして11日朝、木古内の榎本軍に攻撃を仕掛けた。この木古内での戦いは一進一退を繰り返し、榎本軍が23日に退去するまで続く。

木古内の陣を払った榎本軍は、大鳥圭介の説得に応じて茂辺地、矢不来《やふらい》の守備についたのである。

二股口を守る土方部隊は新政府の大軍を何度も撃退

４月11日、土方歳三率いる榎本軍の一隊は、箱館から厚沢部を経由して江差へと続く街道のほぼ中間にある、二股に到着した。そして台場山に本陣を置き、天狗岳を前衛として守備についたのである。13日になると江差から１０００名近い新政府軍が進撃してきて、物資の豊富さと銃の性能で一気に押し切ろうとした。対する土方軍はわずか３００弱だ。

天狗岳は新政府軍に奪取されるが、台場山では激しい銃撃戦を展開。土方軍は熱くなった銃身を谷川の水で冷やしながら撃ち続けた。加えて敵の虚を突いて斬り込みも行う。まさに新選組の面目躍如だ。また暗くなったら陣地に穴を掘って兵を待機させ、

土方歳三が二股口で新政府軍の大軍を防いでいた頃、大鳥圭介が指揮する矢不来・茂辺地の防衛陣地は、陸戦では新政府軍を押し返すも、軍艦甲鉄、朝陽が沖合いから艦砲射撃を敢行。榎本軍は矢不来の陣地を放棄して箱館の手前まで撤退。（函館市中央図書館蔵）

そこから新政府軍の兵が撃つ時に見える銃の火薬の火に向かって銃撃するという戦法も用いている。

激戦は翌朝まで続いた。この戦闘で土方軍は3万5000発もの銃弾を撃ったといわれている。一丁の銃で1000発は撃った計算になり、土方軍の兵は火薬の煤で顔が真っ黒になっていた。この戦いで台場山を攻略することができなかった新政府軍は、しばし後方へ引き下がり、大規模な衝突は控えていた。

「新選組の死神が守る陣地」。新政府軍の兵士の間ではいつしかそ

土方軍と新政府軍が激戦を繰り返した二股口古戦場跡。上の写真に写る山が台場山、国道の左手は川が流れている。こうした天然の地形を巧みに利用して押し寄せる大軍を翻弄した土方の高度な用兵術をもってすれば、戦国時代なら一国一城の主になれたであろう。

んな声が囁かれ、恐れられていた。それでも23日になると、兵を増強した新政府軍は再び台場山へと攻撃を開始する。兵を交代させながら攻撃を続けることができる新政府軍に対し、土方軍は苦戦を強いられた。それでも敵兵を一兵も通さない。

24日になるとようやく滝川充太郎率いる応援部隊が五稜郭より到着。この新手の兵が新政府軍に突撃をかけたため、不意を付かれた新政府軍は混乱し敗走する。その後、態勢を立て直した新政府軍は、再び台場山に攻撃を仕掛けたが、ついに土方軍を打ち破れなかった。25日になると天狗岳に滞陣し、両軍睨み合いとなる。土方が指揮する軍は負け知らずであったが、29日に矢不来方面の榎本軍が大敗、土方の元に撤退命令が届く。挟撃されることを避け、土方は五稜郭へと引き揚げた。

1869年
明治2年

5月11日～
5月17日

新選組が抱き続けた矜持

箱館湾内における海戦で榎本艦隊はついに壊滅す

榎本軍の勢力範囲は、とうとう五稜郭を中心とする箱館市街だけとなってしまった。そのため新政府軍首脳は頑強な抵抗を予測。総攻撃は明治2年（1869）5月11日ということに決した。ここでは、その箱館戦争最大の激戦が行われた11日の話に進む前に、榎本艦隊の最期に触れておこう。

榎本艦隊には蝦夷地上陸時、4隻の軍艦が存在した。それが11月に開陽丸を失い、4月29日には千代田形が座礁。慌てた艦長は砲や蒸気機関を破壊して脱出するが、潮が満ちると離礁する。そのまま漂流しているところを、新政府艦隊に捕獲された。

残るは回天丸と蟠竜丸だが、回天は5月7日、箱館湾に侵入してきた新政府艦隊に応戦、機関が故障したため海岸に乗り上げ、浮き砲台となって新政府艦隊を退けている。そして11日、再び侵入してきた新政府艦隊に対し、前回は機関故障で海戦に参加

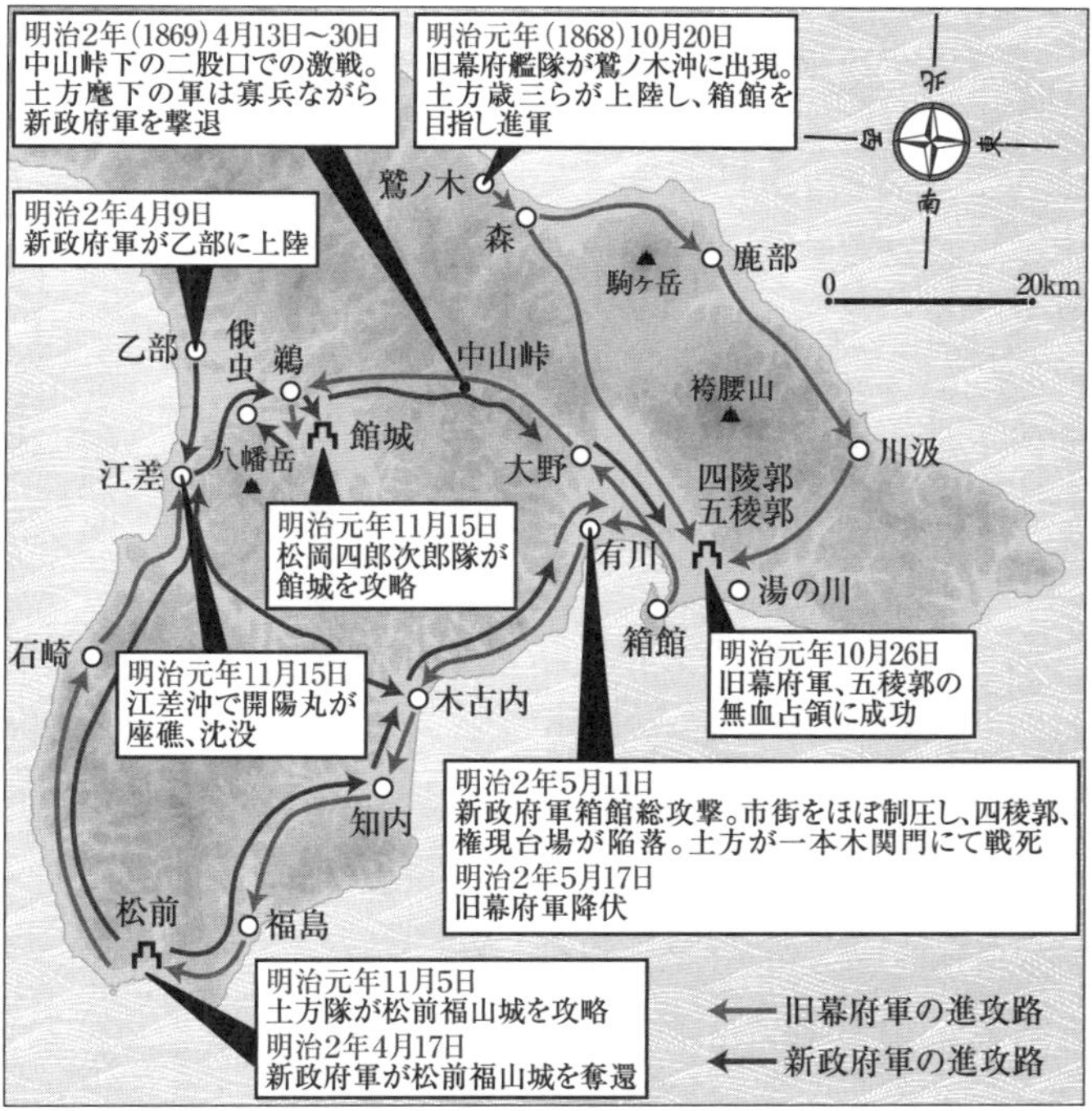
明治2年(1869)4月13日〜30日
中山峠下の二股口での激戦。
土方麾下の軍は寡兵ながら
新政府軍を撃退
明治元年(1868)10月20日
旧幕府艦隊が鷲ノ木沖に出現。
土方歳三らが上陸し、箱館を
目指し進軍
北
西
東
南
明治2年4月9日
新政府軍が乙部に上陸
鷲ノ木
森
鹿部
駒ケ岳
0
20km
乙部
俄虫
鶉
中山峠
館城
八幡岳
袴腰山
江差
大野
川汲
四陵郭
五稜郭
有川
湯の川
箱館
明治元年11月15日
松岡四郎次郎隊が
館城を攻略
石崎
明治元年11月15日
江差沖で開陽丸が
座礁、沈没
木古内
明治元年10月26日
旧幕府軍、五稜郭の
無血占領に成功
知内
明治2年5月11日
新政府軍箱館総攻撃。市街をほぼ制圧し、四稜郭、
権現台場が陥落。土方が一本木関門にて戦死
明治2年5月17日
旧幕府軍降伏
松前
福島
明治元年11月5日
土方隊が松前福山城を攻略
明治2年4月17日
新政府軍が松前福山城を奪還
旧幕府軍の進攻路
新政府軍の進攻路

箱館戦争 激戦の軌跡

土方歳三が率いていた部隊は鷲ノ木に上陸以来、1カ所に留まることなく転戦している。しかもほとんどが負け知らずであった。箱館での土方は、敵味方から常勝将軍と呼ばれていたという。

できなかった蟠竜が奮戦。新政府軍の軍艦朝陽を撃沈している。

だが蟠竜、回天とも砲弾が底をついてしまったため、蟠竜は榎本軍が自ら火を放ち総員が退避、回天は新政府軍により火を放たれ消失した。

鬼と恐れられた土方歳三、馬上で撃たれ斃される

新政府軍の黒田清隆が率いる兵は、険しい断崖になっているため敵は来ないと思われていた箱館山の裏手に上陸し、守っていた小部隊を蹴散らした。箱館山を占領し、山頂に大砲を据え付けることで、市街各所を砲撃できると考えたのである。

それに対して榎本軍の永井尚志は、弁天台場に入って守備を固めた。士官隊隊

5月11日から12日にかけての激しい攻防戦を描いた『麦叢録附図』の1枚。手前の砲台は五稜郭だ。この日の激しい戦いで、一本木関門へと赴いた土方歳三が戦死している。この日以降、榎本軍は組織的な戦いを行うだけの余力は失ったのである。
（函館市中央図書館蔵）

長瀧川充太郎は伝習士官隊と新選組を率いて、箱館山奪還を目指したが、山頂と海上に浮かぶ軍艦からの砲撃で敗退。一本木関門まで退くことになってしまった。さらに一本木関門まで新政府軍の激しい攻撃に晒され、ついには五稜郭まで退却することになる。

箱館山、一本木関門を新政府軍に押さえられたことで、五稜郭と弁天台場の連絡路が閉ざされてしまい、弁天台場は孤立してしまった。弁天台場を守っている兵の大半は新選組である。この戦況を打破し、孤立した仲間、新選組を救出しようと、土方歳三率いる一隊は一本木関門まで進出。獅子奮迅の戦いを展開する。

その時、馬上で刀を抜いて味方を叱咤激励していた土方は、腹部に焼け付くような痛みを感じ落馬した。敵の放った銃弾が当たったのである。土方は近くの小屋に運ばれたが、手当のかいもなくついに絶命する。土方戦死の報を耳にした黒田清隆は「これで戦争もようやく終わる」とつぶやいたと伝えられている。

孤立した弁天台場には、蟠龍の艦長松岡磐吉以下の乗組員も籠もっていた。しかし砲弾、弾薬、食料が不足したため5月15日に降伏。16日には千代ヶ岡の陣地が総攻撃され、守将の中島三郎助、そのふたりの息子ともども刀を抜いて奮戦したが、ついに全滅してしまう。こうして榎本軍の拠点は、いよいよ五稜郭を残すだけとなってしまった。そして5月17日、榎本武揚以下幹部は死罪を覚悟し、新政府軍側に出頭。多くの犠牲を払った箱館戦争はこうして終結したのである。

隊士たちが最後に戦った弁天台場。元々は外国船の襲撃に備えて江戸幕府が築造した。

①五稜郭と共に元治元年(1864)年に完成した箱館奉行所。わずか7年で解体されたが、140年後となる2010年に復元された。②土方最期の地と言われる「一本木関門」。③新選組最期の地、弁天台場跡。④五稜郭タワー内の土方歳三像。

漢たちが意地を貫き通した地 函館へ

海の向こうに駒ヶ岳が浮かぶ風と波の音だけの鷲ノ木海岸

かつて蝦夷《えぞ》地と呼ばれていた北の新天地のなかでも、箱館(現・函館)はもっとも南に位置する。とはいえ旧暦の10月20日頃といえば、今の暦で12月上旬に当たる。天候が悪化すれば、平地にも雪が落ちてくることは容易に想像できることだ。

明治元年(1868)10月20日、内浦湾に面した鷲ノ木海岸沖に姿を現した榎本武揚率いる旧幕府艦隊を出迎えたのは、北国の手荒い歓迎だった。それは雪に覆われた大地、低く灰色に垂れ込んだ空、そして一面白兎の大軍が飛び跳ねているように波立つ大海原……。こうして戊辰戦争最後の物語、箱館戦争への扉が鷲ノ木海岸で開かれた。

徳川宗家と膨大な家臣団の行く末を憂慮していた榎本は、当時は未開の大地であった蝦夷地に職を失った徳川家臣団を移住させ、開拓するという構想を抱いていた。しかし朝廷はその願いを無視。新政府軍となった薩長中心の倒幕軍は、榎本が掌握している軍艦の引き渡しを執拗に迫ってくる。

そんな折、まだ戦い続けていた奥州の諸藩から榎本艦隊の参戦を請う知らせが届けば、気に入らない新政府軍に無傷で艦を引き渡す気持ちが萎えてしまうのも当然である。結局、榎本艦隊は奥州での戦闘には間に合わなかったが、そこで新たな人員と艦船を調達し、かねてから新しいプロジェクトを立ち上げようと考えていた蝦夷地へと向かった。

今、鷲ノ木海岸の前に立ってみると、そこにあまりにも何もないことに驚かされる。ただ1本の杭（碑というよりピッタリくる）に、榎本武揚、土方歳三が上陸したことが書かれているのと、そのあらましを説明した案内板があるだけだ。あとは海に面して民家が建っているぐらい。聞こえてくる人工的な音といえば、時折り函館本線を走る列車が背後を通過する轟音ぐらい。海からの強い風が絶え間なく吹きつける、閑散とした寂しい場所だ。

なぜこんな辺鄙な場所を上陸地点に選んだのか。それにはれっきとした理由があった。まず直接、箱館に上陸しなかった理由は当時の箱館は領事館や外国貿易商が多数居住する国際貿易港であった。そこへ艦隊で侵入し、戦闘行為となってしまえば、彼らに不信感を持たせる以外の何ものでもない。それでは自分たちの正当性が国際的に認められなくなってしまう。そこで箱館には直接向かわず、駒ヶ岳を挟んだ裏側に上陸したのであった。

それに鷲ノ木海岸付近は、大艦隊でも集結が可能なほど広く、箱館へと続く最も近い道のあった場所として理に適っていた。当時の記録によれば、住民は今よりも多かった。また内浦湾の汐首岬《しおくび》から南茅部《みなみかやべ》までは、海岸線はずっと絶壁が続いている地形だったので、自ずと鷲ノ木海岸が選ばれたのである。

そんな事情を思い描きながら海を見つめていると突然、駒ヶ岳に光が差し込んだ。その美しい風景に遭遇できただけでも、ここに来た甲斐があったと思える。

140年ぶりに再建された五稜郭の中心・箱館奉行所

大鳥圭介、土方歳三が指揮した榎本軍は実に強かった。10月25日、五稜郭で戦況を窺っていた箱館府知事の清水谷公考《しみずだにきんなる》は、自軍の敗走を知ると青森へと退却してしまい、城は開城された。この五稜郭、現在では全体が公園となっている。すぐ脇に建つ高さ107m、2階展望台で90mもある「五稜郭タワー」に登れば、その独特な形をすべ

鷲ノ木上陸地点《わしのぎじょうりくちてん》

箱館戦争が起こる前の記録では、鷲ノ木海岸周辺には800人ほどの住人がいた。茅部方面に通じる道と函館に通じる交通の要衝となっているので、現在よりも多くの人が住んでいたこともうなずける。ここは観光地とは言い難いので、単独で訪れるというより、駒ヶ岳や大沼公園などと一緒に訪れるのがいいだろう。

て目に収めることができる。また、館内には土方歳三の像が2体、榎本武揚と五稜郭の設計者である武田斐三郎《あやさぶろう》の像がそれぞれ1体ずつある。

そして平成22年（2010）には、かつて郭内にあった箱館奉行所のうち、約3分の1が復元された。箱館奉行所は、日本の北辺防備の拠点として設置された徳川幕府の役所だ。当初は箱館山の麓に置かれたが、海から大砲で容易に攻撃できる、という理由で内陸に移転が計画される。その外堀となる五稜郭と共に、元治元年（1864）に完成した。

明治元年（1868）、戊辰戦争最後の戦いである箱館戦争の舞台となる。榎本軍が降伏した2年後の明治4年（1871）に解体された。地上に存在した期間はわずか7年だったのだ。その後、五稜郭は公園となって、一般に開放されたのである。

実物大で復元された開陽丸、引き揚げられた遺物にも注目

箱館戦争は、最後に箱館市街付近で戦われた最終決戦が、最も激しい戦闘となった。だが戦争初期段階では、江差方面を巡る攻防戦が激しく展開された。その皮切りが松前城攻防戦だ。蝦夷地は北方警備のために、東北諸藩に分領されていた。箱館周辺には、それぞれの藩の元陣屋があった。しかし松前藩だけは、もともと蝦夷地を領していて、松前に城を構えている。そのため松前城が無傷で残されている限り、新政府軍の反撃拠点となることは必至。どうしても陥落させておかなければいけない要所であった。そんな松前城は、太平洋戦争後まで現存していたが、戦後、火災で焼失。現在は外見が復元されている。

函館滞在にあまり長い日程が組めない場合、この松前に来るか、内陸の道を抜けて江差に回るか悩むところ。今回は戦争終盤で土方が鬼神のような働きを見せた、中山峠下の二股口古戦場と、実物大で復元された開陽丸を見るため、江差方面を目指すことにした。

五稜郭《ごりょうかく》タワー《たわー》

五稜郭の全貌を見るには、高い場所に登らなくては不可能。平成18年(2006)4月に開業した新しいタワーは、2階展望室の高さが90mになったので、五稜郭全体を俯瞰することができる。また五稜郭歴史回廊と呼ばれるコーナーには、五稜郭に関する歴史的出来事が精巧な人形で再現されている。
北海道函館市五稜郭町43-9　TEL:0138-51-4785
8:00〜19:00(冬期は9:00〜18:00)　無休　大人900円

開陽丸は「葵の枯れゆく散り際に開陽丸」と詠われた、徳川幕府が手にした最新鋭艦だ。ところがオランダで建造されてわずか1年7カ月後の明治元年(1868)11月15日に、江差沖で座礁、沈没。ついにその性能を発揮することはなかった。昭和50年(1975)から始まった引き揚げ作業で発掘された遺物は、3万2905点にも及んでいる。復元された開陽丸の船内には、これらの遺物が展示されている。

新選組、それも土方歳三のフ

アンならば、戦争後に建てられた記念碑を見て回るだけでなく、実際に土方が軍を指揮して戦った戦場にも足を運んで欲しい。特にわずか300の兵で7倍近い敵の大軍を圧倒、相手に全滅に近いほどの大打撃を与えた二股口の戦いこそふさわしい。

この戦いは明治2年4月9日、乙部村に新政府軍が上陸したことから始まった。約2000の軍は、中山峠を越えて箱館を目指す。だがそこには巧みな陣地構築を終えた土方軍300が待ち受けていた。『麦叢録』によれば13日の戦闘は16時間におよび、土方歳三率いる榎本軍だけで3万5000発の銃弾を撃ったという。

二股口の古戦場は、国道沿いに朽ち果てかけた碑が建っている。しかし近くの台場山の山頂付近に行けば、土方軍が構築した塹壕や砲台スロープの跡が残されている。ただし車で入っていくことはできないし、季節によっては野生生物に遭遇する危険性もあるので、現地の人に案内してもらうことをお勧めしたい。

函館市内に残る戦跡は土方を想う鎮魂の場所

現在の函館市街地は、明治時代に建てられた擬洋風建造物や赤レンガの倉庫など、エキゾチックな風景が広がる人気の観光スポットとなっている。なかでもその美しさが「世界三大夜景」とまで讃えられている函館山からの景観は、誰の目にも素晴らしいものに映る。

そんな箱館（函館）山の裏手に、新政府軍の奇襲部隊が上陸し、山上から市街に突入した。今も昔も箱館という街は、この山から全体がすべて見渡せてしまう。つまりここから攻撃されれば、下方にある陣地はひとたまりもないのだ。新政府軍は弁天台場を箱館山の上から奇襲攻撃し、さらに甲鉄、春日の艦載砲で艦砲射撃を加えた。

弁天台場の古写真を見ると、周囲の民家の屋根の高さより、台場の堤防部分の方が3倍近く高いことがわかる。予算不足で中途半端な状態に造った五稜郭よりも、この弁天台場や、同じ程度の規模を有していた千代ヶ岡陣地のほうが、遙かに防衛力が高かったと考えられる。そんな強力な要塞が湾内にあったとは、今の函館の様子からは信じられないだろう。しかし孤立無援となり、しかも艦砲射撃や山上からの攻撃に晒されれば、さしもの要塞も持ちこたえることはできなかった。

現在、函館山の周辺にはこの戦争の大きな爪痕は残されていないが、それにまつわるスポットが点在している。箱館戦争で降伏して生き残った大鳥圭介の筆で題字が書かれている「碧血碑《へっけつひ》」は、土方歳三をはじめ旧幕府軍戦死者たちの供養碑。明治8年

（1875）になり、榎本武揚や大鳥圭介の尽力により、ようやく建立の運びとなった。

新選組の隊士が多く籠もっていた海上の海上要塞、弁天台場はすっかり取り壊され、周辺は埋め立てられている。ごく普通の児童公園に「新選組最後の地」という碑が建っているのも、どことなく物悲しさを感じさせる。その公園から少し山側に登った場所には、土方歳三と新選組隊士たちの供養碑がある「称名寺」が建っている。司馬遼太郎の小説にも登場することから、多くの土方ファンが訪れるようだ。供養費の脇にはノートが置かれているが、そこには土方や新選組に対する熱い想いが数多く綴られていた。

土方歳三が最期を迎えた場所は、様々な説が語られている。しかし一本木関門が最有力ということで、町中にある公園内に関門が再現されている。新政府軍の総攻撃で孤立した新選組の仲間を救援するために出撃した土方は、途中の一本木関門付近で敵の銃弾に当たり最期を迎えた。ここに建立されている土方の碑のまわりには、いつでも花が供えられている。最期まで男の美学を貫いた土方歳三は、時代を超えて今なお多くの人々に愛され、人々を魅了し続けているのである。

開陽丸青少年《かいようまるせいしょうねん》センター《せんたー》

開陽丸は当時最強の軍艦だったが、戊辰戦争の最中、蝦夷地へ脱走。江差沖で暴風雪により、明治元年11月15日に座礁、沈没した。100年以上の時を経て、幾度かの海底調査により引き上げが実現。館内には約3000点に及ぶ遺物が展示されている。

北海道檜山郡江差町字姥神町1-10　TEL:0139-52-5522　9:00〜17:00(券売は〜16:30)　大人500円　11〜3月までは月、祝日の翌日休

土方歳三が最期を迎えた一本木関門跡。碑の前には写真が飾られ、常に新しい花が供えられている。関門も再現されている。

第三章　略年表

1868（慶応4年）

4月1日	五兵衛新田に集結した新選組総員227人、流山へ転ずる。翌日着陣
4月3日	西軍、流山を包囲する。近藤は投降、土方は江戸へ走る
4月4日	近藤、唐丸駕籠で板橋に送られる
4月11日	江戸城無血開城
4月19日	宇都宮城陥落
4月23日	宇都宮攻防戦。土方は負傷し今市まで下がる。翌日、会津に向かう
4月25日	近藤勇、板橋で斬首
閏4月6日	新選組、白河へ出立する
閏4月20日	新選組、白河城を攻略
5月15日	上野戦争勃発。原田左之助、彰義隊に加わり負傷
5月30日	沖田総司、病没
8月19日	新選組、猪苗代から母成峠へ転ずる。品川沖の榎本艦隊が脱走
8月21日	母成峠の戦い。漢一郎・加藤定吉・木下巌ら戦死
8月23日	戸ノ口原の戦闘
9月3日	土方、仙台において榎本武揚の軍議に出席
9月4日	高久村の戦いに出陣

1868（明治元年）

9月8日	改元
9月9日	新選組、仙台へ向かう。12日、土方は榎本と仙台城に登り、恭順派と面談するも決裂

9月22日	会津藩降伏
10月18日	榎本艦隊、蝦夷地に向かい宮古湾を出航
10月20日	蝦夷の鷲ノ木に上陸
10月22日	新選組、大鳥圭介傘下で峠下から函館へ。土方は川汲から函館へ進軍
10月24日	土方隊、川汲で戦闘
10月26日	五稜郭無血開城
10月28日	土方軍、松前に向けて進軍
11月5日	土方軍、松前を攻略
11月11日	土方軍、江差攻略に出陣
11月15日	土方軍先鋒、江差に進入。榎本艦隊旗艦の開陽丸が江差沖で座礁
12月15日	入札により、総裁榎本武揚、陸軍奉行並に土方歳三選

1869（明治2年）

3月20日	土方、回天艦に搭乗し、蟠龍・高雄と共に甲鉄艦奪取のため宮古湾を目指して出航
3月25日	回天、単独で甲鉄艦奪取作戦を敢行するも失敗し、箱館（現・函館）へ撤退
4月9日	新政府軍、乙部に上陸
4月13日	16時間にも及ぶ二股口の攻防戦。29日まで土方軍が陣を死守
4月17日	新政府軍が松前を奪還
5月11日	新政府軍、箱館を総攻撃。土方、弁天台場の新選組同志を救わんとして出陣するも、一本木・異国橋間の戦闘中に被弾、戦没
5月15日	弁天台場の新選組降伏
5月17日	旧幕府軍降伏、箱館戦争終結

第四章　剣客集団「新選組」の素顔

本陣建築や社殿が伝える日野の豊かさ

徳川恩顧の気風と新選組の礎・日野

武州・日野は、豊かな土地であった。まず、多摩川と浅川という2つの川の沖積地《ちゅうせきち》にあり、一帯は広い平野とそこに広がる田を潤す豊富な水をもつ穀倉地帯であった。あわせて大動脈である甲州街道の宿場町であったため、経済も潤っていた。隣の宿場である八王子、府中に続く宿場だが、多摩川の渡しがあったため、川止めの宿場としての利益もあったろう。さらにこの地は首府を守る要、いわば西の防衛線としても重要視されてきた。そのため幕府成立以後は幕府領・旗本領とされ、年貢をはじめとする種々の締め付けが比較的緩く、また江戸に近接していることから幕府への親近感が強い地域でもあった。

こうした風土的背景がなければ、この地が新選組を育むことはできなかったはずである。そしてもうひとつ重要なのが、幕府の軍役体制に位置付けられた八王子千人同

日野宿本陣《ひのじゅくほんじん》

都内に唯一残る本陣建築である。現在の建物は文久3年(1863)に上棟し、元治元年(1864)から佐藤家が住んでいたもの。かつての佐藤道場(長屋門)は大正15年の大火で消失。目の前の街道には問屋場跡の碑があり、宿場の中心だったことが偲ばれる。歳三が稽古の合間にごろ寝していたという座敷もこの場所だ。
TEL:042-583-5100
9:30〜17:00(入館〜16:30)月休　大人200円

心が存在し、剣術が盛んだった、ということ。

「家康が設置した八王子千人同心という組織がありますが、これは有事の際に武器を持って戦う兵力。泰平の世になると日光東照宮の火之番が主な任務になり、平時は農民として暮らしましたが、事あれば武器を持って立つ存在でした。この同心を中心に、天然理心流も広まってゆきます。剣術は武士だけではなく、町人や百姓身分の若者も学びました。近藤や土方、そして彼らを支えた佐藤彦五郎のような人材が育つには、このような背景があったといえるでしょう」

歴史館の学芸員・金野啓史さんはそう言って、都内に唯一残る本陣に案内してくださった。現在も甲州街道沿いに豪壮な瓦葺きの建物が残っている。名主・佐藤家の家だという。目の前に、宿場の中心であったことを物語る問屋《とい や》場の石碑がたたずんでいた。

この家の当主・佐藤彦五郎という人を抜きにして、新選組の活躍はあり得なかったと思われる。家屋は元治元年(1864)に建てられたものだが、式台を備えた立派なもので、後に明治天皇も休息所として利用されている。

「彦五郎が理心流の門人となったのは、祖母が強盗に襲われ、斬られるのを目の当たりにしながら何もできなかった、という悔恨の思いからだったと伝わっています」

佐藤家が農民のために掘削したという用水沿いに今もたたずむ「佐藤彦五郎資料館」の館主・佐藤福子さんはそう続ける。

「歳三の姉・のぶはその妻ですが、彦五郎は自宅の長屋門を〝佐藤道場〟として近藤や沖田らを迎えました。日野本郷の名主でしたが、小田路の小島鹿之助など名主同士のネットワークを通じてその流儀を伝え、以後もずっと新選組の活動を支援し続けた。本人も、甲州戦に自ら調練した農兵隊を率いて参戦しています。戊辰戦争の後しばらくの間、一家は彼らの書簡や遺品を携えてばらばらに逃げたといいます」

近藤は江戸・牛込に「試衛館」を構えていたが、上洛後にその門人の募集や管理をしていたのも彦五郎であり、隊士からの無心にも応じ続けた。その為に近藤や土方は京はもちろん、各所からまめに書簡を送り、時には彼に大局に立った意見を求めている。

「今はこうして資料館となってはいますが、祖父の頃には考えられなかったことだと思います」

そう仰るのは、土方歳三生誕の地である日野・石田に暮らすご子孫・土方愛さん。現在、資料館を併設した土方家は現代風の佇まいだが、愛さんは20歳まで歳三が生まれ育った茅葺きの家に暮らしていたという。小さい頃は古い家が嫌な時もあったが、今では懐かしいと、愛さん。

「祖父が以前、地元小学校の〝土地の偉人を知る〟という教育展示に協力した時も、周囲にはまだ〝見せるようなものではない〟という意見もあったと聞いています。今でこそ歳三を思う人が訪ねてきてくださいますが、やはり戦後まで、そういったはばかりがあったようです」

ここから離れたところにある佐藤家の道場に日参していた歳三は、そこで近藤や沖田らと出会う。その後の経緯は周知の通りだが、後年、当地を訪れる歳三の部下も多くいた。そのひとりが、箱館でその遺体を運んだという小柴長之助。時代はすでに大正に移ろっていたという。

「長い髭を蓄えたご老人で、足が悪いのにわざわざ府中から歩いてこられたそうです。祖父も幼い頃のことですが、その方は仏前に通されると〝隊長！〟と声をあげ、その後、長時間泣いていたと聞きました。当日はここに泊まり、翌日には歳三の墓がある石田寺を訪ねられたそうです」

同様の話は、佐藤家にも多数伝わっている。隊士たちの拠り所が、この日野という場所なのだ。

「理心流は今もありますよ。八坂神社での奉納試合は今も続いています。今度、ぜひ見にきてください」

そう仰るのは、鳥羽・伏見の戦いで散った古参隊士・井上源三郎の直系であり、今も当地でその流派を継いでいる井上雅雄さんである。多摩川の程近くに位置する自邸敷地内には井上源三郎資料館が設けられており、隊士の足跡を伝えている。

「僕が小学生くらいだったか、祖母が〝蔵の2階に何かあるかもしれない〟というので調べたら、長持の中に源三郎の遺品が200点近くあったんです。蓋を空けたら昔の教科書やなんかが載っていて——きっと隠していたんでしょうね。祖母も普段はそんな話、まったくしませんでしたから」

車で通過してしまえば、わずか数分で抜けてしまうかつての宿場町。けれど、一歩踏み込んで土地の方に話を聞いてみれば、そこには隊士たちのさまざまな歴史の残滓が、今も残っている。

近藤・土方体制を支えた日野宿の佐藤彦五郎

後の新選組隊士達を育んだ日野・佐藤彦五郎の道場

幕末から明治にかけての動乱の時代を生き、花と散った新選組。なかでも、より積極的に関与し、隊を支えた人物がいる。日野の佐藤彦五郎だ。

佐藤彦五郎は文政10年（1827）に多摩郡日野宿の名主の長男として生まれ、11歳のときに家督を継いでいる。日野宿が大火に見舞われ、佐藤彦五郎の家にも延焼する。そのどさくさに乗じて、彼に恨みを持った男が刃傷事件を起こし、佐藤の祖母が殺害された。この事件を受け、佐藤は自己防衛および日野の治安の強化のために、自ら天然理心流宗家三代目・近藤周作の門に入り、剣術に打ち込むようになる。さらには自邸内に道場を建て、剣の道を志す者達を集めて稽古に励んだ。

この佐藤道場、そして江戸牛込柳町の近藤道場・試衛館で剣を振るっていたのが、近藤ら後の新選組隊士達だった。

ちなみに、沖田家に残る文書には、沖田総司の姉、ミツは実姉ではなく、近藤勇の養父、周助の長女だと書いてあるという。いずれにしても、新選組の出自となる多摩の佐藤家の周りには、地縁、血縁を介した濃密なネットワークが形成されていたことがうかがえる。

佐藤彦五郎《さとうひこごろう》

文政10年（1827）～明治35年（1902）。多摩の同郷で、金銭面だけでなく精神面でも近藤や土方、他の隊士たちを支え続けた存在ともいえる。通説とは違い、自ら剣をとる武術家でもあったことはあまり知られていない。

（会津白虎隊伝承史學館にて写す）

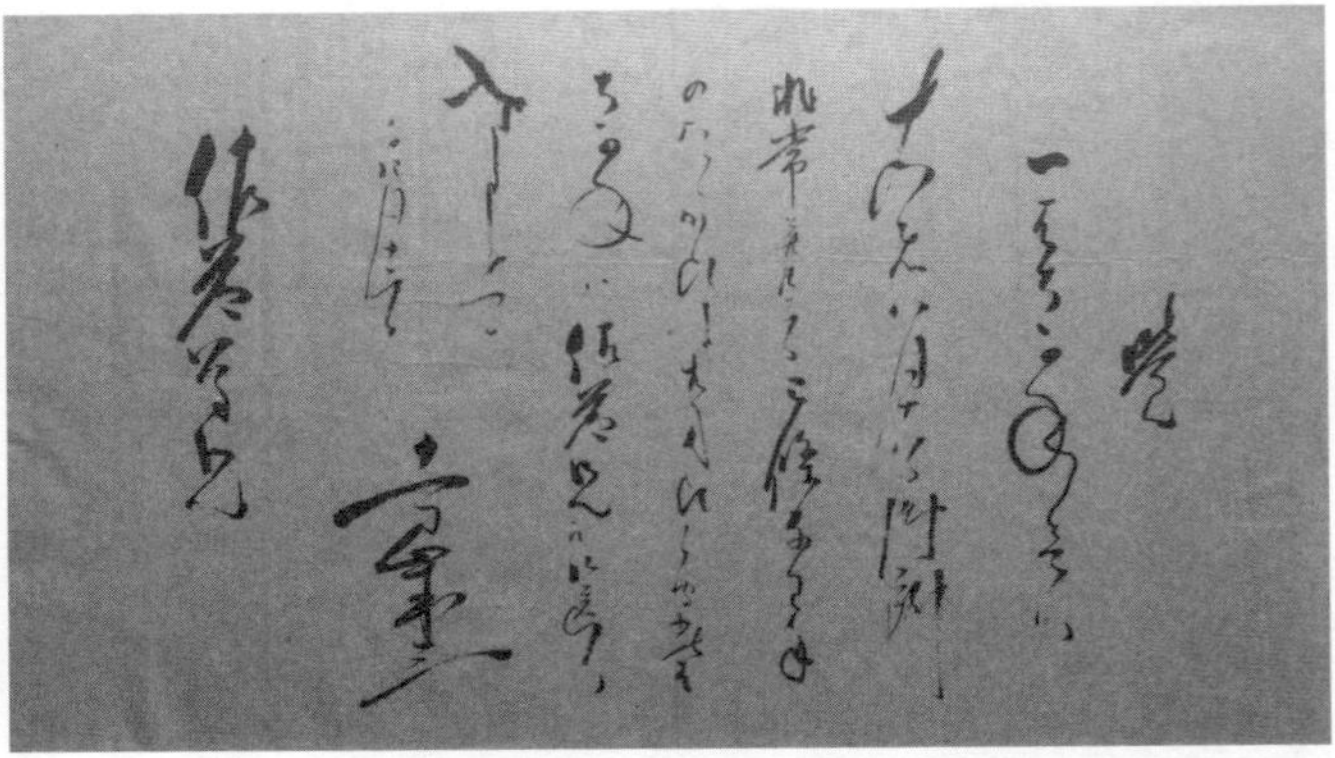

生前、土方は京都の様子を手紙に綴ったという。日常の何気ないことや、自身の女性問題にまで触れられていた。(会津白虎隊伝承史學館蔵)

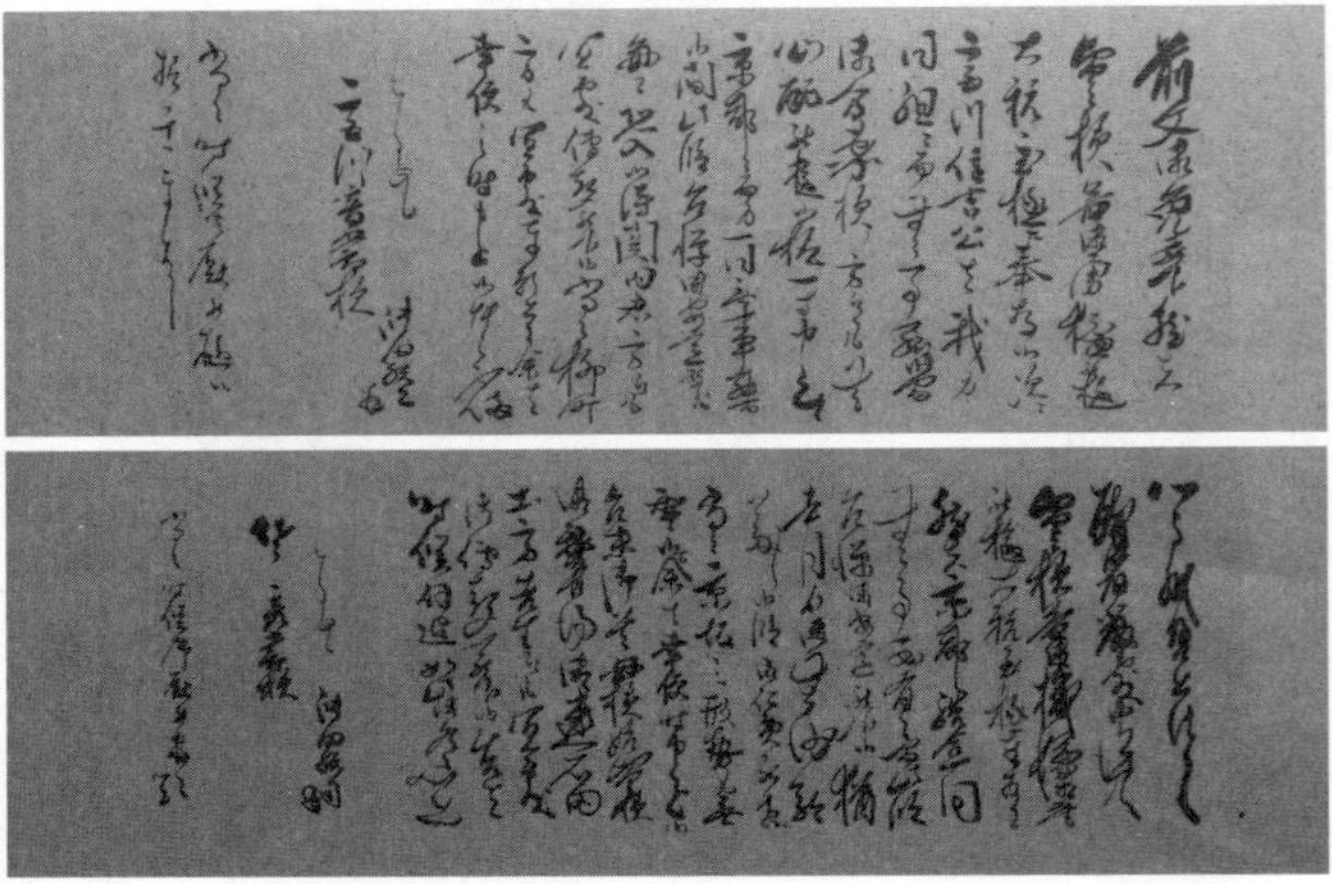

山南敬助が切腹させられた事件で、沖田総司は介錯人をつとめた。そのときの気持ちを、佐藤宛に送った手紙に記している。(会津白虎隊伝承史學館蔵)

京都・時局の情報を多摩の指導者層へ送信

いわば新選組の火付け役となった佐藤は、その後、小島ら地元の有力者とともに、相談役として、また資金面でもスポンサーとして隊を支える。たとえば、文久3年（1863）3月、まだ上洛してからひと月ほどの段階で、近藤は「すでに何人も斬殺したため刃こぼれがひどいので刀を送ってほしい」という趣旨の手紙を郷里に送っている。土方も鎖帷子を要求し、佐藤らはこれらに応えている。

だが、佐藤や小島ら多摩郡日野宿の有志たちは、一方的に新選組を物心両面で支えていたわけではない。そこには地域にとって有益な〝見返り〟があった。それは情報だ。佐藤ら多摩の指導者層はまず、江戸牛込柳町にある試衛館との人脈形成により、江戸の現状を掴んだ。そして、その人脈から発展した浪士組、新選組が京都で活動することによって、現今の政治状況を把握したのだ。

当時、近代化を目前にした動乱期の日本において、京都は最先端の政治的・政局的情報が交錯する場だった。新選組はそこから得た情報を書簡を通じて佐藤らに提供し、それは多摩の指導者層の時代認識や国家に対する観念、政治意識を涵養《かんよう》していった。つまり、時局の情報から得た「知」が、地域の掌握のために資するものだったわけだ。

将軍家に殉じた新選組に佐藤彦五郎も隊士として参加
多摩はもともと幕府に対する忠義の強い土地柄だった。「将軍あっての農民であり、したがってお上のお役に立つ」という意識と誇りが育まれ、半農半武の千人同心を擁していたほどの土地だ。多摩出身者達が将軍家に忠誠を誓い、新選組をその方向で統率していた所以でもある。

こうして、新選組は最後まで幕府側についた組織となった。それを多摩の有力者たちが背後で支えたわけだが、それにとどまらず、佐藤らは隊の活動にも加わっている。甲陽鎮撫隊と改名した新選組と行動を共にしているのだ。

佐藤は春日盛《かすがさかり》と名乗って日野宿農兵隊の一部を「春日隊」と称し、甲州勝沼の戦いに参加。ただし、甲府までの応援要員を要請されただけであり、春日隊は実際には荷物番程度の役割しか果たしていないという。その後、その戦いで隊が惨敗し、佐藤は官軍から逃れるために一時は身を隠したが、後に放免される。

近藤が刑死となり、土方が箱館で討ち死にしてからは、新選組は朝廷の敵と世間の評価に甘んじることになった。

局長

近藤《こんどう》 勇《いさみ》 ［天保5年（1834）～慶応4年（1868）］

天然理心流、豪傑の剣の使い手

近藤勇、幼名・宮川勝五郎は天保5年（1834）に武州多摩郡上石原村の豪農、宮川久次郎の三男として生を受けた。そして嘉永元年（1848）、15歳の時に天然理心流の近藤周助（邦武）の門人となる。

文久3年（1863）、京都に上洛する将軍・家茂の警護のため、幕府が浪士組を徴募。近藤勇以下、試衛館の一党が参加、さらに芹沢鴨の率いる水戸一派も加わり、会津藩預かり「壬生浪士組」が結成された。

同年8月に会津藩より「新選組」の名を拝命。京阪地方を主としてさらに隊士を募集し、組織が大きくなっていく。

この頃から芹沢鴨の横暴さが過激化。軍資金の借用を断られた商家の土蔵を大砲で撃つなど、その傍若無人な振る舞いを見かねた近藤は、芹沢一派を粛清。ナンバー2の座から名実ともに新選組の局長となったのである。

元治元年（１８６４）６月5日、謀議を企てている尊攘激派に新選組が斬り込みをかけた「池田屋事件」が勃発。新選組は、朝廷から金３００両、幕府から金５００両、松平容保から金25両を与えられる。

同年９月、京都の情勢を幕府に伝えるために江戸へ向かった武家伝奏の公家・坊城俊克《ぼうじょうとしかつ》に、近藤は同行する。この時、近藤は北辰一刀流の剣士、伊東甲子太郎と面談し、伊東一派が新選組に入隊。しかしこの伊東一派がその後の近藤の命運を左右する。実は伊東甲子太郎は、幕府側の新選組とは相容れないはずの、水戸学を学んだ尊皇攘夷論者だった。

慶応３年（１８６７）３月、伊東は「薩長の動向を探るため」と新選組から分離脱退、天皇から「御陵衛士」を拝命する。だが、御陵衛士は薩摩藩の庇護下に入り、新選組と敵対するようになる。近藤は先手を打ち、伊東を殺害。この殺傷事件をきっかけとして、同年11月には、御陵衛士の殲滅を図った「油小路事件」が起こった。この時、京都上洛時からの盟友でもあった藤堂平助が落命している。

同年12月、近藤は伏見街道にて御陵衛士の残党に狙撃され負傷、翌年の鳥羽伏見の戦いには参戦せず、大坂城で治療にあたった。この戦いでの惨敗の後、江戸に戻った

戦国武将の加藤清正をこよなく尊敬した近藤勇は、彼の所業を真似て握り拳を口に入れる特技を持っていた。
（国立国会図書館蔵）

近藤以下、新選組を中心に甲陽鎮撫隊が結成され甲府城占拠を目論むが、新政府軍との勝沼での戦に敗れ、江戸へ敗走。さらに下総流山に落ちた近藤達は新政府軍に包囲され、投降を余儀なくされた。その際、正体を隠すため「大久保大和」を名乗った近藤だが、その正体を見破ったのが薩摩軍に加わっていた御陵衛士の残党だった。

こうして近藤勇は慶応４年（１８６８）４月25日、板橋刑場で斬首される。享年35。近藤の実直な性格を表した、主君である徳川家への君恩を忘れないという意味の辞世の句を残しての最期だった。

副長

土方歳三《ひじかたとしぞう》 ［天保6年（1835）～明治2年（1869）］

強者ぞろいの隊士が震える鬼の副長

天保6年（1835）武州多摩郡石田村豪農の家に生まれた土方歳三は、家督を継げない四男だったため、11歳で上野の呉服屋「いとう松坂屋」に丁稚奉公《でっちぼうこう》に出された。しかし15歳の頃、剣の道を志して、姉の嫁ぎ先であった佐藤彦五郎邸内にある剣術道場に通い、近藤勇と出会うことになる。土方は稽古のかたわら、実家が製造販売する生薬の行商をしていたが、25歳の時に天然理心流に正式に入門。試衛館に住み込み、沖田ら仲間達との交流も深めていく。

文久3年（1863）、近藤勇とともに上洛し、壬生浪士組を結成。同年9月に芹沢鴨の暗殺に加担、元治元年（1864）の池田屋事件では隊士を率いて出動するなど、副長として新選組を下支えした。

近藤勇を局長とし、自らは参謀役に徹するといういわば2トップの体制は、土方の組織づくりの才に負うところが大きい。新選組の隊士を同志とそうでないものに峻別し、同志たりえないものは粛清するという方針をとったのも土方だった。そして当初は隊内で実権を握っていた芹沢一派を粛清するという計画を周到に立案し、実行する。

また、不穏分子である伊東甲子太郎の入隊をきっかけに、新選組という組織に疑問を抱いた山南敬助が脱走した際、試衛館でともに稽古に励んだ朋友にもかかわらず、「局中法度」にしたがって山南を捕縛、切腹に追い込んだのも土方だ。こうして、土方は近藤との２人体制を確立し、それを強固なものにしていった。

冷酷なまでの彼の粛清は、隊内で恐れる者も多く「鬼の副長」と呼ばれ、泣く子も黙る存在だった。（国立国会図書館蔵）

慶応４年（１８６８）１月、土方は狙撃され負傷した近藤に代わって鳥羽伏見の戦いで指揮を執る。

近藤の処刑後は土方は新選組を率いて旧幕府軍とともに新政府軍と戦い続け、宇都宮城を攻略。その際、負傷するも７月に復帰し、会津藩と共に戊辰戦争を戦った。

同年8月、榎本武揚率いる旧幕府軍の海軍が仙台へ集結。土方はそこで榎本と合流し、共に蝦夷地へと向かった。新政府の箱館府が置かれていた五稜郭に入城すると、新政府軍につく松前藩と相まみえた。結果、松前城を攻略した榎本軍は明治元年（1868）12月、「蝦夷共和国政府」の樹立を内外に宣言した。

「共和国」での土方は箱館市中取締り兼陸海軍裁判局頭取、陸軍奉行並の任に就き、新政府軍を迎え撃つ立場となった。しかし箱館戦争で最大の激戦となった二股口の攻防により戦況は悪化、五稜郭へ退却する。

明治2年（1869）5月11日、総攻撃を受けて孤立した弁天台場の救援のために向かった一本木関門付近で、馬上の土方に銃弾が浴びせられた。享年35。この最期には諸説あり、あくまで抗戦を主張した土方を味方が暗殺したのではという見解も出てきているが、明らかになる資料は未だ見つかっていない。そして、どこに埋葬されたかも不明である。

一番隊組長

沖田総司《おきたそうし》 ［天保13年（1842）?〜慶応4年（1868）］

隊士一の美貌といわれた薄命の天才剣士

沖田総司は天保13年（1842）に江戸麻布の白河藩邸で生まれ、幼名は総司郎春政、後に総司房良と改名した（天保15年生まれ説もあり）。

10歳前後で天然理心流試衛館道場に入門。近藤勇らと稽古に励み、18歳で免許皆伝という剣の名手だった。剣術に関しては近藤もかなわず、神道無念流免許皆伝の永倉新八をして「立ち会っていると身の毛がよだつ」と言わしめている。

文久3年（1863）に結成メンバーとして壬生浪士組に加わり、新選組を拝命した後は、副長助勤、一番隊組長にして、その剣の腕を買われて撃剣師範の任に就く。

池田屋事件では近藤隊の一員として活躍したとされるが、肺病が再発して表で待機し、激しい戦闘は行なっていないという説もある。

一方、主に粛清のための人斬りとして暗躍したとされる。まず文久3年の大坂市中での力士との乱闘事件の際、沖田は1人を斬った。同年、芹沢鴨の暗殺でも刀を抜いた。さらに慶応元年（１８６５）、京都の四条橋で永倉新八とともに土佐の片岡源馬を斬殺。同年、隊を脱走した坂井兵庫、慶応3年（１８６７）には規律に反した浅野薫を斬っている。

これに慶応元年、脱走して捕縛され、切腹した山南敬助の介錯を含めて沖田が斬ったのは記録によれば7人となる。三段突きをくり出す天才剣士というのは史実であるが、実際には次から次へと人を斬って活躍したとするのは、小説や映画のイメージのようだ。

池田屋事件以降、肺病が悪化していった沖田は、隊から離れることを余儀なくされる。慶応4年（１８６８）の鳥羽・伏見の戦いには参加せず、狙撃され負傷した近藤勇とともに大坂で療養。同年4月、江戸帰還後の甲陽鎮撫隊に参加しようとしたが、重篤だった彼にとって日野の佐藤彦五郎邸に行き着くのが精一杯だった。

この後、沖田は静養するも慶応4年5月30日に病死。26歳前後での早逝であった。沖田の死因は肺結核とされるが、これには疑義が呈されている。記録にある沖田の病気「労咳」は、現在の基準に照らし合わせれば、必ずしも「肺結核」とイコールではないという説もあり、当時の資料から特定するのは難しい。

さて「沖田総司＝美青年」というイメージだが、八木為三郎の『新選組遺聞』では、「背の高い痩せた人物、肩がぐっと上がり気味に張って頬骨が高く、口が大きく、色は黒かった」とあり、言われている美少年像とは程遠いようだ。同書によれば愛嬌はあったということだが、世に知られた「沖田総司＝美青年」というイメージは、司馬遼太郎の『燃えよ剣』によって創り出されたというのが通説になっている。肖像画についても諸説あり、本人かどうかすらも謎である。

一度の突きで三回突く速さの「三段突き」が得意技だったという天才剣士。本人像といわれるが諸説あり。
（会津白虎隊伝承史學館にて写す）

二番隊組長

永倉新八《ながくらしんぱち》

［天保10年（1839）〜大正4年（1915）］

命を長らえた数少ない隊士、神道無念流の使い手

天保10年（1839）に名門の松前藩に連なる家系に生まれ、神道無念流を18歳にして免許皆伝したという永倉新八が、どういう経緯で試衛館に出入りするようになったのかは明らかではない。

文久3年（1863）、永倉は近藤勇らと上洛し、壬生浪士組、ひいては新選組で副長助勤、二番隊組長を務めることとなる。近藤勇と土方歳三が図る戦略を、永倉新八と沖田総司が先陣を切って実行する――隊のこうした構図から、この4人は「新選組四天王」とも呼ばれる。

同年6月、永倉は大坂力士との乱闘で刀を抜いている。その後、壬生浪士と偽って金をだまし取った浪士を斬殺。同年9月、芹沢鴨の暗殺に先立ち、その側近の新見錦を斬った。近藤、土方による新選組体制の確立に永倉は度々その腕を振るった。

永倉が一躍名を上げたのは元治元年（1864）の池田屋事件での奮闘による。尊攘激派の志士が集まる池田屋の2階に斬り込んだのは数人だったと言われ、そのうち、沖田は容態の悪化、藤堂平助はこめかみを斬りつけられ戦線離脱。苦しい戦いのなかで残ったのは近藤と永倉の2人のみだった。ここで永倉は3人を斬り、苦戦する近藤を助けてもう1人を斬った。この活躍により永倉は近藤の30両に次ぐ20両の恩賞金を受けている。

池田屋事件の2カ月後、元治元年8月に内紛が起こる。勝利で近藤が増長しているとして、永倉は、斎藤一、原田左之助、島田魁との連名で会津藩に嘆願書を提出する。しかし、隊内でどのような話し合いが行われたのかは不明だが、この件では近藤らと永倉らはほどなくして和解している。その後、慶応4年（1868）1月の鳥羽・伏

実直な性格だったという永倉は、冷徹な土方との対立も多かったという。
（土方歳三函館記念館にて写す）

見の戦いで敗れて江戸へ。さらに同年4月の甲州勝沼の戦いで敗れ、流山へと敗走することになる。ここに至り、永倉は原田左之助とともに新選組の立て直しを近藤に直談判する。「幕府の兵とは別に新選組の隊士だけで会津で戦おう」との進言を近藤は聞き入れず、長年同じ釜の飯を食った2人だったが、ついに袂を分かつことになってしまうのだった。

永倉は原田と共に靖共隊を結成する。会津をはじめ、各地を転々としながら新政府軍と戦い続けた。しかし敗戦続きで米沢に落ちた永倉は、士気も気力もなくなり、失意のうちにひとり江戸へ戻った。

動乱の時代を駆け抜け、維新後も生き長らえた永倉新八。近藤や土方の死に様とは対照的なその生涯には、毀誉褒貶相半ばとする評価がある。だが永倉はその後、新選組の貴重な証言者となった。彼による『浪士文久報国記事』『同志連名記』『新撰組顚末記』などの著書は、不明瞭な点も数多くあるものの、今も恰好の記録となっている。

三番隊組長

斎藤一《さいとうはじめ》［天保15年（1844）？〜大正4年（1915）］

暗躍した新選組内の粛清役

試衛館道場と縁はないものの、文久3年（1863）に壬生浪士組結成直後に隊へ加わったのが斎藤一だ。

その前年、斎藤は江戸で人を斬り、京都に逃亡して太子流の道場に匿われていた。そこで隊結成の噂を聞きつけ参加した時、弘化元年（1844）生まれの斎藤は弱冠19歳。それでいて、身を寄せていた道場では代師範を務めていたというだけあり、新選組ではすぐに副長助勤となり、三番隊組長も任された。

元治元年（1864）の池田屋事件では土方隊の一員として出動し、その功労に対して17両の恩賞金を受けている。

新選組における斎藤の逸話として有名なのが、伊東甲子太郎暗殺での活躍である。尊王攘夷派だった伊東一派は慶応3年（1867）に志を異にする新選組から分離脱退し、「御陵衛士」を拝命。伊東の動向を怪しむ近藤は御陵衛士に間者を送り込む。それがこの斎藤だった。

御陵衛士はすぐに薩摩藩と通じるようになり、新選組の殲滅を図る。同年11月、伊東らは近藤の暗殺を計画。その時、斎藤が「自分が乞食姿で屯所に近づいて近藤を斬る」と申し出る。信じた伊東が斎藤を出向かせ、斎藤はその一部始終を近藤らに密通。その情報により新選組は先手を打ち、宴の誘いに応じた伊東を暗殺する。それが端緒となり、油小路事件へと発展したのである。

同年12月、新選組が警護していた紀州藩の要人、三浦休太郎が土佐の海援隊に急襲される「天満屋事件」が起きる。斎藤の一刀流をはじめ、永倉や大石鍬次郎といった歴戦の剣の使い手の奮闘によって、襲撃してきた敵を撃退し、三浦のボディガードの任を全うした。

慶応4年（1868）の鳥羽・伏見の戦いで敗走後に江戸へと戻り、怪我の療養をしている。その後、甲陽鎮撫隊に参加し、甲州勝沼の戦いでも敗走。流山で近藤が投降すると、残りの隊士とともに会津に向かい新選組の隊長を任される。

この会津戦争で斎藤率いる新選組および会津藩は、近代装備の新政府軍に圧倒された。榎本軍の率いる旧幕府艦隊と合流すると主張し、仙台へと北進する土方に対し、会津藩に忠義を感じていた斎藤は会津に残り、なおも抗戦を続けた。

同年9月、会津若松郊外の如来堂の戦いで官軍の奇襲を受け、一時は戦死したと伝えられたが、仔細は不明ながら脱出に成功して鶴ヶ城に籠城している。会津藩が降伏し戦争が終結すると、会津藩士とともに謹慎生活を送った後、放免されて東京へと帰った。そして維新後も生き続け、長寿を全うした。しかし大正4年（1915）に71歳で息を引き取るまで、永倉新八とは反対に、新選組については黙して語らなかったという。

歴史小説などとは違い、実際の斎藤一は隊内で最も若い組長だった。これまで別人の写真が斎藤一として広まっていたが、2015年に斎藤の親族の蔵から肖像写真（上）が見つかった。（福島県立博物館提供）

参謀

伊東甲子太郎《いとうかしたろう》

［天保6年（1835）〜慶応3年（1867）］

御陵衛士を率いた勤王の志士

天保6年（1835）、常陸志築藩のお目付け役の子として生まれた伊東甲子太郎は、寺子屋で学問を修めた後、水戸で神道無念流を学んだ。それから江戸へ出て、北辰一刀流の伊東精一の門に入る。そこで腕を見込まれて婿養子となり、道場を継ぐこととなった。

元治元年（1864）、同じ道場で学んだ藤堂平助の誘いにより、弟以下7名とともに新選組に入隊。道場主だけあって腕があり、学もある伊東は、土方と同位の参謀として、また、文学師範として新選組に迎えられる。総長の山南敬助がその力を失っていったのは、こうした背景によるものだといわれている。

しかし本来、尊王攘夷派の伊東は幕府側の使者という名目で諸国を訪れては、尊攘派として藩士と会い、また勤王派とも会合を持つなど佐幕派に傾く新選組にとって怪しい動きを見せはじめる。

そうしてついに慶応3年（1867）3月、二度にわたる近藤との折衝の末、新選組から分離脱退し、「御陵衛士」を結成。「局を脱するを許さず」という局中法度には新選組とは別の隊として動けば薩長の動向を探れる、という理屈でその隊規違反を回避した。

だが、近藤のほうが一枚上手だった。高台寺に屯所を構えた御陵衛士のなかに近藤は斎藤一を密偵として潜らせる。

穏やかな人柄から、人斬り集団として恐れられた新選組のなかでも慕う者が多かった。
（伊東甲子太郎 肖像画・個人蔵）

次第に薩摩藩と通じるようになった伊東ら御陵衛士の一派。そして、それを見過ごすことができない近藤と土方ら新選組は、互いに相手の隊の殲滅を画策し始める。

そして先手を打ったのは近藤だった。慶応3年11月18日、近藤は伊東を酒席へと誘う。この申し出を怪しみ制止する隊士もいたが、伊東はそれをはねのけ酒席に出席することを決める。堂々と応じれば相手も卑怯な真似はしないだろう、というのが伊東の主張だった。

しかしその読みは甘かった。近藤らとの宴に酔った帰り道、木津屋橋を歩く伊東の身体を、土方の密命を受けた新選組隊士・大石鍬次郎の持つ槍が貫いた（諸説あり）。その際、刺されてもなお逃げのびようとした伊東だったが、ついには力尽きて光明寺の前で絶命。享年32であった。伊東の亡骸は七条油小路に2日間、野ざらしにされることとなる。これは伊東の死を知った御陵衛士の残党が、亡骸を引き取りに集まってくることを見越した新選組の狡猾な作戦でもあった。

伊東討ち死にの一報を聞きつけ亡骸を引き取りにきた7名の御陵衛士を、30名からなる新選組が待ち伏せしていた。そして藤堂平助を含む4名の御陵衛士を斬る油小路事件が起こった。ここに伊東甲子太郎が率いた御陵衛士は壊滅し、やがてその残党は新政府軍へと加担。近藤勇の命運を握ることになっていく。

筆頭局長

芹沢《せりざわ》 鴨《かも》

［文政10年（1827）？〜文久3年（1863）］

壬生浪士組設立時代の総帥

文政10年（1827）、常陸国行方群芹沢村の豪士の子として生まれ、幼名は木村竜寿、元服して継次となった芹沢鴨。家族共々水戸の武田耕雲斎に師事、天狗党に参加するほどの尊王攘夷派だった。それがなぜ、幕府側の浪士となったのか。すべては芹沢の粗暴な行動が原因であった。

芹沢は天狗党で幹部を任されるまでになるが、部下との意見の対立がもとで3人を斬ってしまう。江戸へ引き立てられて取り調べを受けて死罪となったものの、そこへ幕府による浪士隊の募集が行われると聞き、これに参加。入隊と引きかえに恩赦が下されるというのが理由だった。

これを期に木村継次を芹沢鴨と改名し、天狗党の同志を従えて浪士隊に入る。すでに名のある芹沢は、隊長に並ぶ取締付筆頭を任された。

京都への道中で宿舎の割り当てをしていた近藤は、芹沢の宿を取るのを忘れてしまう。これに激怒した芹沢は宿場の往来で近藤を怒鳴りつけ、土下座させるにおよぶ。芹沢一派と近藤一派は、この時から因縁を抱え込むことになってしまった。

文久3年（1863）2月、京都に着いた一行を待っていたのは、攘夷派の動静を警戒した幕府からの浪士隊江戸呼び戻しの令だった。清河八郎率いる一派はこれに従うが、近藤一派8名、芹沢一派5名が京に残留することを決める。

こうして「会津中将様御預」という身分にはなったものの、隊の資金不足は深刻だった。会津藩からの支給金は僅かなもので皆が困窮し、隊が身を寄せた八木為三郎によれば、その様子は「みなりみすぼらしく、刀をさしていなければ、とても武士には見えない」ほどであったという。

同年8月「禁門の変」で、その勇猛さを見せつけたが、一方で豪商・鴻池に対し強請りをはたらく。大坂での力士との乱闘事件も、芹沢と力士との悶着が発端だ。こうして新選組の悪名が市中に広まり、会津藩主・松平容保が近藤と土方に芹沢の排除を示唆するに至る。

同年9月18日。この日、禁門の変での働きにより報償を与えられた隊士たちは島原の揚屋（料亭）、角屋で宴会を開いた。泥酔して八木邸に帰った芹沢と平山は、連れ

芹沢鴨が着用したと言われる鎖帷子。書きこまれた文字は戦闘に対する決意の表れか。
（会津新選組記念館蔵）

の女たちと同室で寝入ってしまう。そこへ数人の刺客が忍びこんできた。これは土方と沖田ら４人だったと伝えられている。ここで芹沢と妾のお梅、平山が斬殺された。芹沢は一糸まとわぬ姿で、どこを斬られたのかさえわからないほど血まみれだったという。

翌日、「就寝中に不慮の事故」との届出が京都守護職に出された。20日に葬式が執り行われ、隊を代表して近藤が弔辞を読んでいる。享年34。芹沢は平山とともに壬生寺に葬られた。新選組に参加したのも、そこから排除されたのも、芹沢の素行の悪さゆえの報いであった。

八番隊組長

藤堂平助《とうどうへいすけ》

［弘化元年（1844）〜慶応3年（1867）］

戦闘時は常に切り込み隊長の「魁先生」

弘化元年（1844）年に津藩藤堂和泉守落胤（落とし子）として生まれた――藤堂平助はそう自称していたというが、その出生については定かではない。

千葉周作の玄武館道場で北辰一刀流を学び、免許皆伝の前段階である「目録」を得ている。やがて試衛館道場に出入りするようになり、尊敬する山南敬助に付き従うような形で浪士組に参加したといわれているのが通説だ。

20歳そこそこという若さにして新選組の副長助勤、後に八番隊組長を務めた。元治元年（1864）の池田屋事件では、近藤隊として先鋒を担う。池田屋の2階へ駆け上がり、敵との大立ち回りの末、こめかみを斬られて負傷。流れる血で目が見えなくなり、戦線離脱する。だがこの功労に対し、沖田、永倉と同額の20両の恩賞金を授けられた。

その3カ月後、武家伝奏・坊城俊克の警護および隊士の募集を行う近藤らの先発として、江戸へと向かう。そこで剣術の師匠であった伊東甲子太郎に会い、新選組への入隊を勧誘した。

元治2年（1865）2月、藤堂にとって衝撃的な事件が起こる。新選組が「幕府の犬」となっていくことに疑問を抱いた山南敬助が脱走、捕縛の後に切腹させられたのである。これを期に、藤堂の心は近藤・土方が統制する新選組から離れていく。

慶応3年（1867）3月、伊東甲子太郎の一派とともに分離脱退し、「御陵衛士」を結成。薩摩藩の庇護下に入り、次第に新選組と反目するようになった。

同年11月18日、近藤が御陵衛士に密偵として潜伏させた斎藤の暗躍により、伊東が殺される。その亡骸が油小路の交差点で曝されているとの報を聞き、藤堂はじめ7人が駆けつけると、そこには30人もの新選組隊士が待ち構えていた。うち4人は逃げ延びたが、藤堂と服部武雄、毛内有之助は囲まれ、惨殺される。

享年24。藤堂平助は四条大宮の光縁寺に葬られた後、戒光院に改葬された。試衛館からの生え抜きは、仲間割れによってその命を散らすことになったのである。

十番隊組長

原田左之助《はらださのすけ》

［天保11年（1840）～慶応4年（1868）］

佐幕を奉じた種田流槍術の豪傑

伊予松山で天保11年（1840）に生まれた原田左之助。長じて江戸の松山藩邸で武家奉公人の中間を務めるようになる。

万延元年（1860）に脱藩し大坂へ出た原田は後に、新選組の隊士となる谷三十郎の道場で種田流槍術、そして剣術をものにした。

江戸へ舞い戻ると試衛館道場に通うようになり、近藤らと知り合うこととなった。文久3年（1863）2月に試衛館のメンバーとともに上洛、そして創設時の壬生浪士組に参加する。

同年9月、芹沢鴨暗殺の実行メンバーに加わり、その時、平山五郎を斬殺。逃げた芹沢一派の野口健司を刺殺したのも原田だったといわれている。また同じ頃、長州藩の桂小五郎の間者だとの理由で、楠小十郎を近藤の命により斬っている。

元治元年（1864）の池田屋事件では土方隊として出動し、井上源三郎らとともにに戦闘の後半で活躍、17両の恩賞金を受けた。

慶応2年（1866）、〝長州藩を朝廷の敵と断じる〟という幕府の制札が、何者かによって引き抜かれ捨てられるという事件が起こる。制札警護を命じられた原田以下新選組は、制札を抜いた土佐藩士2人を斬殺、1人を捕縛し、20両の恩賞金を受けた。その後、慶応3年（1867）11月の伊東甲子太郎暗殺、油小路事件でも原田は先陣を切って奮闘したとされる。

慶応4年（1868）1月の鳥羽・伏見の戦いに参加した後に江戸へと帰還。甲陽鎮撫隊の隊士として戦った甲州勝沼の戦いにも敗れて再び江戸へ敗走する。

その後、隊の方針をめぐって近藤と対立した永倉と共に新選組を離脱。靖共隊を組織して会津で戦うが、はかばかしい戦果をあげられず、やがて隊を離れることになる。江戸へ戻った後は幕府軍の残党からなる彰義隊に参加。慶応4年5月15日の上野の戦いで負傷した2日後、その傷の悪化で死亡した。享年28。隊士として活躍していた最中に結婚した原田だったが、妻と二人の息子を残して無念の旅立ちとなってしまった。

元副長、総長

山南敬助《やまなみけいすけ》

［天保4年（1833）〜元治2年（1865）］

剣腕をふるうことなく、あっけなく散った最期

天保4年（1833）に生まれた山南敬助は、新選組の創設メンバーとしては最年長で、北辰一刀流の免許皆伝であった。しかし山南が剣を使うことはそれほど多くはない。文久3年（1863）8月の「禁門の変」、同年9月の芹沢鴨暗殺。池田屋事件の時には病に臥せっていてこれには参加していない。

山南は勤皇思想の持ち主でもあった。そこへ現れたのが尊皇派の伊東甲子太郎だった。やがて幕府寄りの近藤らと精神的に距離が開きはじめ、次第に伊東に心酔していく。

後に総長になった山南だったが、その権威も隊では発揮できなかった。西本願寺を借りようとした際、難色を示す寺側に土方は無理を通す。山南は僧侶を困らせるなと進言するが、近藤は聞き入れない。この事態に山南は怒り「総長の言葉を無視するような局長とは生死を共にできない」との覚書を残して脱走した。

土方は、あえて山南と懇意の沖田に後を追わせる。そうすることで、山南が刀を抜くことを封じたのだ。この土方の策が当り、沖田に屯所へ連れ戻される。山南は切腹を命じられると、それに素直に応じたという。再び脱走せよとの永倉の勧めにも首を縦には振らなかった。慶応２年（１８６５）２月23日、壬生屯所にて切腹。享年35。介錯したのが山南と最も気持ちが通じ合い、彼を最後に捉えた沖田総司だったのは運命のいたずらとしか言えまい。

七番隊組長

井上源三郎《いのうえげんざぶろう》 [文政12年（1829）～慶応4年（1868）]

隊士たちに親しまれながらも、淀千本松で戦死

文政12年（1829）に生まれた井上源三郎は、近藤、土方よりも6、7歳も年上だ。しかし我を張らず、黙って2人に付き従うようだったという。真面目で無骨でありながら人好きのする性格で、隊の皆から「源さん」と呼ばれ親しまれていた。

副長助勤、六番隊組長だった井上は、元治元年（1864）の池田屋事件で土方隊に属していた。

同年7月の「蛤御門の変」で、永倉らと共に大納言邸に逃げた長州の生き残りを追い討ちした。慶応4年（1868）の鳥羽・伏見の戦いでは、指揮を執った土方に誰よりも忠実だったのが井上だったといわれている。突撃を命じた土方に応え、井上をはじめとした新選組は薩摩軍の陣中に刀で斬り込んだ。

しかし淀千本松での激戦で、近代兵器を装備した新政府軍に新選組は後退を強いられる。その時、井上率いる六番隊が最前線に立った。井上は退却の命令を聞き入れずに戦い続け、銃弾を浴びて慶応４年（１８６８）1月5日に死亡する。享年39。この戦いで虚しくも戦死した30数人の、新選組隊士のひとりであった。

　この戦いには彼の甥、井上泰助が同行していた。まだ12歳だったという彼は、幼いながらも井上の最期を見届け、首を持ち帰ろうとしたと後に語っている。しかしそのあまりの重さに断念し、近くの寺の門前に井上の刀とともに埋葬したというエピソードが残っている。

諸士取扱役兼監察方

吉村貫一郎《よしむらかんいちろう》

［天保11年（1840）〜慶応4年（1868）？］

文武両道で家族思い、謎の多い隊士

妻と4人の子を養うために新選組に入隊した変わり種――それが吉村貫一郎だ。天保11年（1840）、陸奥国南部で生まれた吉村は、北辰一刀流を学び、学問にも励んだ末、盛岡藩の武士となる。

慶応元年（1866）5月、吉村は江戸で土方が隊士を募集した際に入隊した。当時、名を馳せていた新選組に入れば、多くの給金がもらえ妻子を楽にさせてやれるとの判断だったらしい。柔和かつ実直な性格で、同時に文武両道を地で行く吉村は近藤に好かれていたという。そのせいもあってか同年夏の隊の編成の折に、諸士取調役兼監察に抜擢。剣の腕を見こまれて撃剣師範を任ぜられた。入隊当初の思惑通り、俸給は家族に仕送りをし、慶応3年（1867）に新選組が旗本へと格上げされ俸給が跳ね上がった時には、嬉し涙を流したともいわれる。

吉村は戦へと赴くのだが、以後の動向は記録としては残されておらず、消息が途絶えた形となる。

しかし島田魁と大野右仲の孫娘の話をまとめた子母澤寛の『新選組物語』によれば、鳥羽・伏見の戦いで新選組が惨敗した後、吉村は大坂で脱走したという。そして出身の南部藩邸を訪ね帰藩を懇願するが、官軍に引き渡されたくなかったら切腹するようにと迫られ、自害したことになっている。ただこれは子母澤寛の創作とする研究者も多い。吉村貫一郎はもっとも謎の多い、高名な隊士といえる。

第五章　「新選組」の、その後

幕末の戦火をくぐり抜け明治に生きた新選組隊士たち

生き残り新選組隊士たちそれぞれの生き方

池田屋事件など幕末の京都で活躍し、恐れられもした新選組は、戊辰戦争の始まりである鳥羽・伏見の戦いから京都を離れ、甲州勝沼、流山、会津、宇都宮、仙台、箱館と北へ転戦していった。会津戦争では隊が分裂するほど多くの隊士を失い、最後の地となる箱館で新政府軍に降伏。新選組は誕生からわずか6年2カ月で消滅した。

時代は新政府軍で活躍した人々が支配する世の中。しかし、新選組にも幕末、戊辰戦争の戦火をかいくぐって生き延びた隊士たちがいた。彼らはその後、どのような暮らしを送ったのだろうか。

生き残った隊士を大別すると、戊辰戦争前の脱退者と戊辰戦争の途中での降伏組、そして箱館戦争まで徹底抗戦した後の降伏組の3つに分けられる。様々な説があるが、戊辰戦争前の脱退者は3名、戊辰戦争中の降伏者11名、箱館戦争後の降伏者16名の合計30名ということになる。明治新政府を組織したうち、特に土佐・長州藩士にとって新選組は憎い敵のはずであった。しかし、その30名は釈放され、明治時代を生きている。その隊士らが、後年、作家・子母澤寛の取材を受け新選組最後の隊士としての回顧録『新選組聞書』を残すことになる池田七三郎であり、佐々木一、松本捨助といった人々である。

彼らが処罰されずに生き延びられたのは、近藤勇や土方歳三の最高幹部がすでに亡くなっていたことが大きい。また、新政府軍に徹底抗戦を唱えた桑名藩主のもと新選組に組みし、箱館戦争まで戦った桑名藩士・森常吉は、藩主助命のために自決している。そのため新選組に入った桑名藩士の命も救われた。そして明治2年（1869）には、生き残った新選組隊士のほとんどが謹慎を解かれ、新しい生活を始めている。そのうち11人は大正時代まで、さらに2人は昭和時代まで生きた。

例えば、新選組で伍長を務めた近藤芳助は会津戦争を戦った後に捕縛されたが、弁護士になり、横浜市会議員や神奈川県会議員も歴任している。また、阿部十郎は自ら生み出した新種の「阿部7号」というリンゴの栽培に精を出した。

一方、箱館戦争まで戦った島田魁は、3年間の謹慎の後に京都で剣術道場を開き、かつての新選組の屯所であった西本願寺の守衛もして生計を立てた。島田のもとには、新政府で働いてはどうかという誘いもあったというが、島田は「若くしてこの世を去り、地下に眠っている友人たちに対し申しわけない」と、官職に就くことを拒んだという。

新選組隊士として重い記憶を背負い生きた人々

島田は日記を残している。『島田魁日記』と呼ばれるもので、1冊目は近藤を中心に入洛から新選組の結成。池田屋事件などの出来事が綴られている。2冊目は土方を中心に鳥羽・伏見の戦いから土方の戦死まで記されている。島田は土方を敬愛しており、土方の戒名である「歳進院誠山義豊大居士」の書き付けを終生、肌身離さず持っていたという。

また最期の、しかもわずか2日だけの新選組隊長となった相馬主計《そうまかずえ》は、彼らとは違った明治を生きた。相馬が隊長となったのは箱館戦争で土方が戦死したからで、隊長に任じられたのは土方戦死の4日後。いわば敗戦処理を全て背負ったかたちである。そのため相馬は終身流刑の罪で伊豆諸島の新島に流された。箱館戦争の中心人物だった榎本武揚でさえ投獄の処罰だったにも関わらず、相馬だけが理不尽にも一番重い終身流刑に処せられてしまったのである。

とはいえ、相馬の新島での生活は、それまでの殺伐とした生き方とは一変した穏やかなものだった。寺子屋を開き、子どもたちに剣術も教え、島民たちとも打ち解けた日々を過ごせたのである。その相馬が東京に戻ってきたのは明治5年（1872）のこと。新島で結婚した女性・まつと共に蔵前近辺に居を構え、国家公務員となって3年間務めている。また、鳥取県知事に推薦されていたという話もある。しかし、相馬は突然、割腹自決を遂げてしまった。介錯もなかったために、凄惨な最期だったと伝えられている。

島田《しまだ》 魁《かい》

晩年の島田魁（中）と親族。函館戦争後、釈放され、京都で剣道場を開き、西本願寺の夜警も務めた。亡くなった時、懐中には土方の法号を書いた紙片があったという。（霊山歴史館蔵）

なぜ、相馬は自決したのだろうか。本人にしかわからないことではあるが、心の中に巣くっていた敗戦処理を背負わされた憤りだったかもしれない。あるいは生き残った隊士たちが困窮しているなか、自分だけが楽な道を選ぶわけにはいかないという思いもあったろう。敵であった新政府のもとで働き、のうのうと生き長らえることなどできないと、志半ばに死んでいった同志たちへの罪悪感が募った可能性もある。それとも、武士の世の終わりをまざまざと見て、武士として終わりたかったのか……。

新島から東京へ戻る際、相馬は和歌を詠んだ。

「さながらに　そみし我が身は　わかるとも　硯の海の深き心ぞ」

明治を生きた新選組隊士の思いはそれぞれ。新選組時代の思いを重く背負って生きた者もいれば、新しい時代に生きることに血道を上げた者もいる。しかし、そのどちらにも新選組隊士であった事実は深く刻まれていたに違いない。

永倉新八の生き方と『新選組顛末記』

『新選組顛末記』に記された近藤との決別の真相

「一に永倉、二に沖田、三に斎藤の順」と評されたほど、二番隊組長だった永倉新八は新選組の組長格のなかでも屈指の剣腕を誇った。新選組の旗揚げ当時からの隊士で、池田屋事件では近藤勇と共に死闘を繰り広げ、戊辰戦争では鳥羽・伏見、甲州勝沼へと転戦した永倉である。しかし、甲州勝沼の戦の後、以前から意見を異にしていた近藤、土方たちと袂を分かつことになる。

永倉は、がむしゃらな性格だったと伝えられるが、単純な、がむしゃらではなかった。後年、『新選組顛末記』『浪士文久報国記事』『七ケ所手負場所顕ス』を書き残し、いまいち輪郭が浮かび上がってこなかった、新選組とはどのような組織で、どのような志を抱いていたかをつまびらかにした人物である。その貴重な著書『新選組顛末記』によると、近藤らと決別した理由を永倉は、次のように述べている。

甲州勝沼の戦の惨敗の後に永倉は近藤らと江戸で再会する約束をしたが、その約束の時刻に近藤が現れなかった。それを知った賛同者の多くが新選組を見限っていく。永倉はそれら新選組を離れた者たちを説き伏せた上で同行させ、近藤のもとを訪れた。そして新勢力を組織し、近藤、土方も一緒に会津へ赴き、最後の奮闘をしようと力説したのだが、近藤は憤然とした面持ちになり、こう言い放ったのである。

「拙者はさようなわたくしの決議には加盟いたさぬ。ただし拙者の家臣となって働くというのならば同意もいたそう」

すると永倉は、怒気をはらんでこう吐き捨てる。

「これまで同盟こそすれ、いまだにおてまえの家来にはあいなりもうさぬ」

こうして永倉と近藤たちは袂を分かつことになった。その後、永倉は靖共隊という部隊を組織し、北関東の各地で抗戦しながら北上を続けて米沢藩に滞留した。その時届いたのが会津藩降伏の知らせである。落胆した永倉は決意して江戸に戻ったが、隠れ住むことの不可能さを知ると、江戸の松前藩邸に自首して出た。永倉はもとは松前藩士だったからである。

そんなある日、徳川の遺臣をまとめて最後の決戦をしようと約束した米沢藩士・雲

永倉新八が亡くなる２年前の大正２年(1913)、札幌で撮影された写真で、前列中央が永倉。がむしゃらな性格だったため“がむしん”と呼ばれていた。(北海道博物館蔵)

井竜雄が斬首されたことを知る。落胆すると共に身の危険も感じた永倉は隠退の決意をするが、松前藩の家老がこんな話を持ち込んだ。そのくだりを『新選組顛末記』ではこう書かれている。

「(前略)藩医の杉村松柏から養子をひとりほしいとたのまれてある(略)このたび法令をもって私心をもって人を殺すことあいならぬと天朝から布告がでた。どうじゃ杉村にいく気はないかの」

そこで永倉は、「世がこうかわってはしばらく時勢をみるよりいたしかたがないと観念し」杉村家に行くことを決意するのだった。

家老の計らいで松前藩士への帰参が

認められた永倉は、明治4年(1871)、北海道に渡り、藩医・杉村の娘と結婚した。しかし、町医者として再起して明治の時代を生きようとした義父は病没し、杉村家の運営と家計が永倉の肩にのしかかってきた。そこで永倉は明治6年(1873)、家督を相続し杉村治備と改名した後、東京の牛込に剣術道場を開いた。その一方、近藤の首級を探したり、明治9年(1876)には斬首の地・板橋に慰霊碑を建立したりしている。それらの行動は、新選組が幕末から明治維新にかけて関係した池田屋事件や油小路事件、鳥羽・伏見の戦い以降の戦いの正当性を世に問う行動に違いなかった。

大正4年まで生きた剣一筋の人生

明治15年(1882)からは北海道の樺戸集治監の看守たちへの剣術指南を務めた一方、東京へも上京し、さらに妻と子どもが小樽市内で薬局を開くと、小樽へ転居。それが明治33年(1900)のことだが、この頃からすでに執筆に取り掛かっていた『浪士文久報国記事』に加え『七ケ所手負場所顕ス』をしたため、さらに小樽新聞の取材に協力したかたちで『新選組顛末記』の編纂を進めていった。こうした永倉の著作によって、新選組は悪の人斬り集団という従来の固定観念が崩れ、評価される契機とな

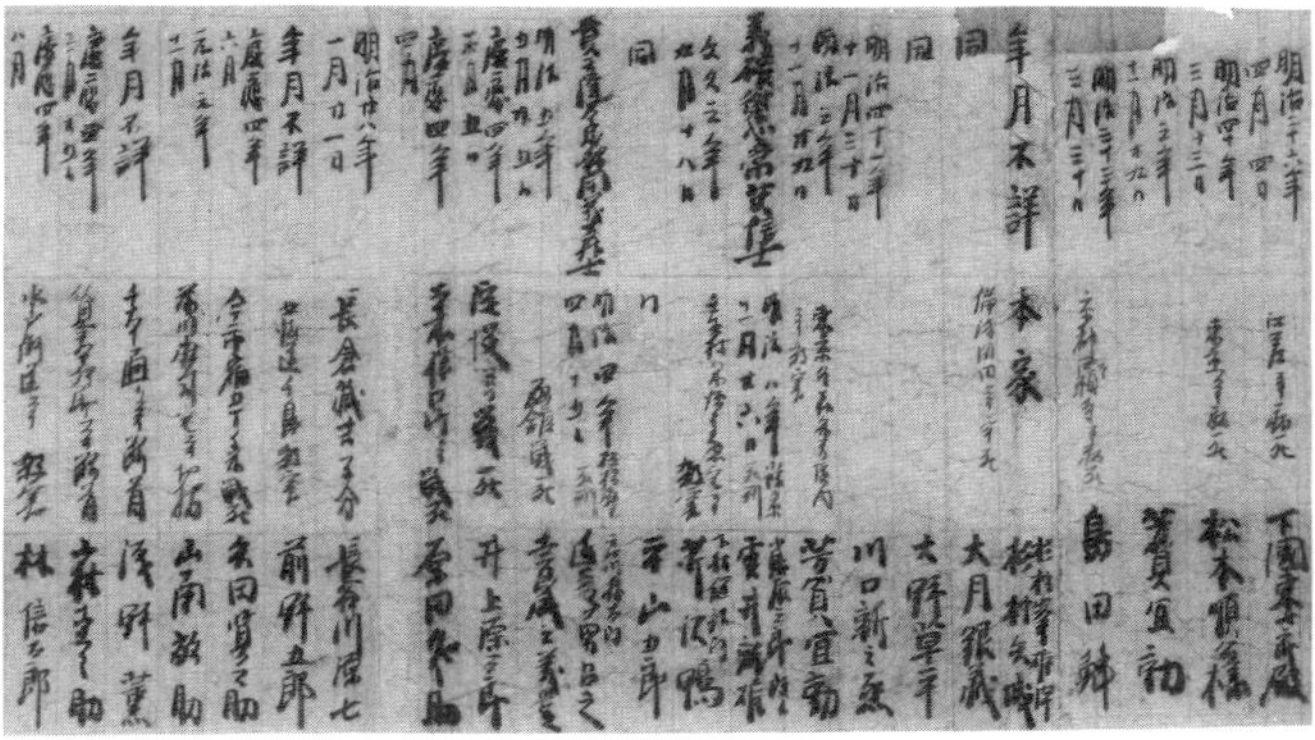

ゆかりの人々の没年や死因を記した永倉直筆の資料

親戚に混じって、近藤勇、土方歳三、島田魁、芹沢鴨、原田左之助、山南敬助など、新選組の隊士たちの名を見ることができる。(北海道博物館蔵)

った。さらに後年、子母澤寛が新選組の関係者に取材してまとめた『新選組始末記』が発表されると、新選組に対する評価は動かぬものとなっていった。

　さて永倉は明治33年、病没した島田魁の墓参に京都を訪れている。その際、新選組時代に島原・亀屋の芸妓との間にもうけた娘・お磯に再会している。その時にお磯からもらった写真を晩年の永倉は宝物のようにしていたという。活動写真を好んだという永倉は「近藤、土方が活動写真を見たらどう思うだろう」とよく呟いていたという。

　最晩年に差し掛かると、永倉のうわさを聞きつけた東北帝国大学農科大学

（現・北海道大学）の剣道部員が、永倉に指導を依頼してきた。家族は高齢を理由に反対したが、形を教えるだけと家族を説き伏せ指導に出かけたといわれる。そして亡くなったのは大正4年（1915）のことである。77歳だった。永倉は『新選組顛末記』を、次のような言葉で締めくくっている。

「生死のあいだをくぐること百余回。おもえば生存するのがふしぎなくらいの身を、大正の聖代まで生きのびて往年の敵も味方もおなじ仏壇に朝な夕なのとむらいの鐘の音をたたぬ」。永倉は確かに剣一筋に生きたが、多くの著作物を残したことにより、その一生は別の輝きを持ったものになったのである。

コラム　永倉が残した往時の記憶『七ケ所手負場所顕ス』

杉村家資料『七ケ所手負場所顕ス』は73歳当時の永倉が、新選組時代に負った7カ所の刀傷と鉄砲傷について、半紙4枚に綴ったものである。これは幕末という動乱の時代を生き抜いた永倉の姿を、生々しく伝える貴重な資料として知られる。

永倉は晩年、酒に酔うとふんどし一丁になり、銃創を叩きながら、「お国のために働いた体だ。わしの誇りだ」と声を上げたという。また、「自分は剣術の他に能はない」

と言い、晩年まで剣の稽古や指導に携わった。

その永倉が『七ケ所手負場所顕ス』の最後に記しているのが孫4人の名前。そして書き添えているのが「成長ノ時披見イタス様」の文章。永倉の一生からは朝敵の汚名を気にして生きた感じが受け取れない。新選組時代の体験を通して、いったい孫に何を伝えたかったのだろう。想像をかき立てられる一文だ。

明治時代を一市民として生きた斎藤一

平凡で実直な一市民として時代に埋もれながら暮らした

数少ない新選組幹部の生き残りの一人が、三番隊組長を務めた斎藤一だ。凄腕の剣士であり、新選組内部での粛清ではスパイ任務と暗殺に多く携わったといわれる。伊東甲子太郎を暗殺した油小路の変では、伊東一派の一員になりすまし、諜報活動を行い、土方歳三に情報をもたらした。しかしその諜報活動は極秘であり、斎藤が新選組に戻るまで時間を要した。ほとぼりを冷ます意味もあったのか、斎藤はその最中に名前を「山口二郎」に変えている。

斎藤と土方の結びつきは強く、二人は鳥羽・伏見、甲州勝沼、千葉流山、そして会津と転戦するが、この東北の地で斎藤は土方と別れ、会津戦争を戦い抜く決心をする。会津藩主・松平容保への恩義を貫こうとしたためかもしれない。その時に名乗ったのが「一瀬伝八」という名だ。官軍の尋問で幸いにも深く追及されなかったため、斎藤は会津藩士・一瀬伝八として生きることとなる。

越後高田の東本願寺別院での謹慎生活を送った後、明治3年（1870）、本州最北の斗南へ移住を命じられた会津藩士と共に極寒の地へ向かった。その際に名を「藤田五郎」に改めたといわれ、藩士の娘と結婚している。斗南での生活は苦しく餓死者も出るほどだったが、その苦しみを会津の人々と分かつことが斎藤なりの会津への恩を報いる形だったに違いない。

斎藤《さいとう》 一《はじめ》

終生何も語らず、謎多き一生を遂げた。斎藤は晩年、「死んだら、会津戊辰戦死者の墓の傍らに埋めてもらいたい」と語っていた。亡くなったのは、奇しくも永倉新八と同じ大正4年であった。(福島県立博物館提供)

しかし4年後、斎藤は単身上京する。後に松平容保などの仲人で再婚し、明治10年（1877）には内務省警視局の警部補となった。そしてこの年に起こったのが西南戦争である。斎藤は豊後国警視徴募隊の二番小隊半隊長として派遣され、

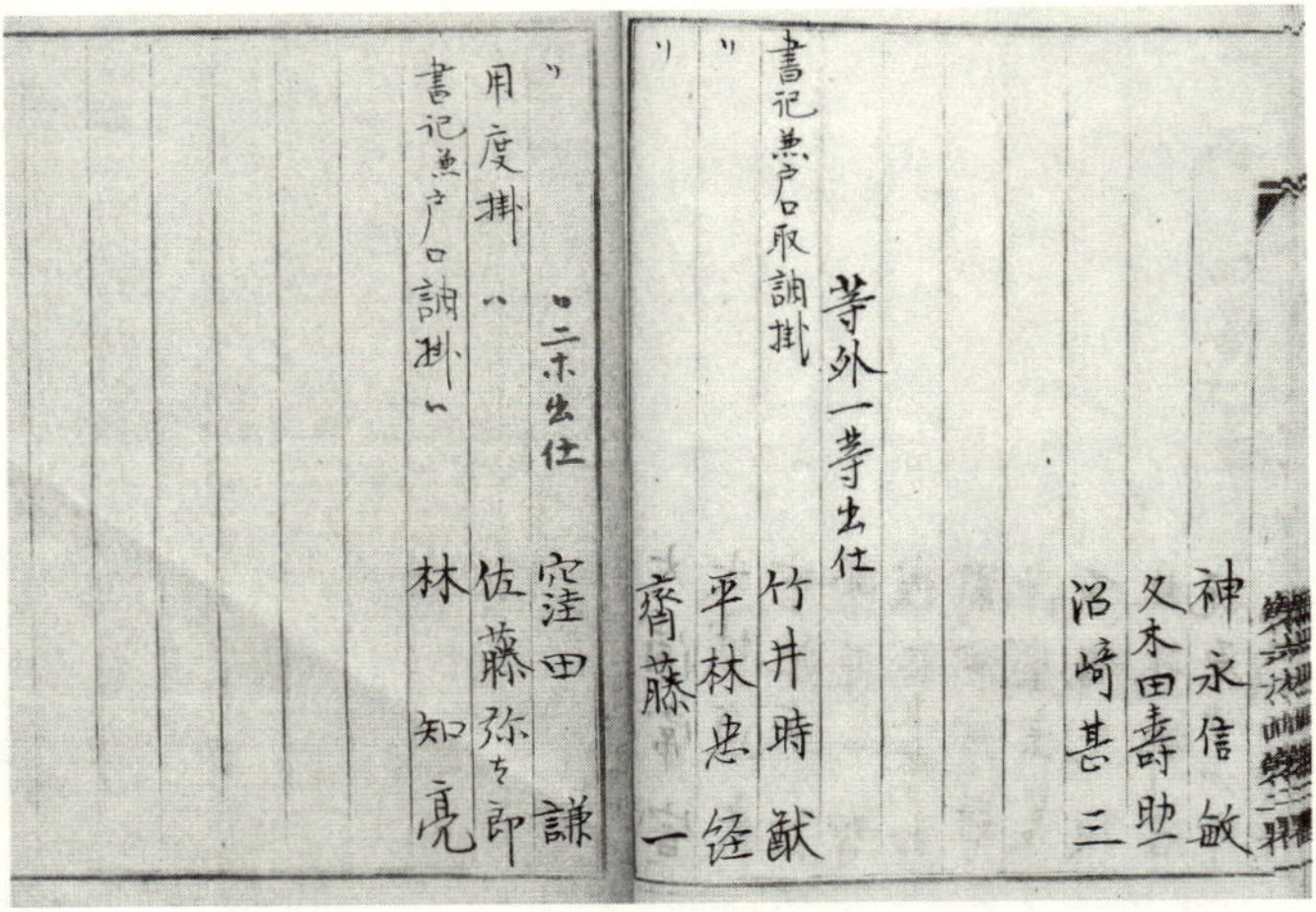

斎藤の名前が記された
警視局第六方面第二署の名簿

明治８年12月から明治９年６月頃の名簿の書記兼戸口取調掛という役職の欄に、斎藤の名前が記されている。警視局では旧名の斎藤一を使用していたと思われる。（霊山歴史館蔵）

大分県の竹田城下などで戦った。新選組を追い落とした政府軍の一員となり、戊辰戦争で戦った薩摩藩と交戦する。斎藤の胸中に去来したものは何だったのだろう。しかし、白兵戦の最中被弾し、以後、西南戦争の前線に復帰することはかなわなかった。

　明治14年（１８８１）、斎藤は陸軍省の御用掛となったが、警視局に戻り、巡査部長、警部補、警部と進み、48歳で退職するまで警察官として務めた。その後は東京高等師範学校付属の東京教育博物館（現・国立科学博物館）の看守、東京女子高等師範学校（現・お茶の水女子大学）の庶務掛兼会計掛として働いた。

そして大正4年（1915）、72歳で生涯を閉じた。床の間を背に端座したまま亡くなったという。維新後、平凡で実直な一市民として時代に埋もれながら暮らした斎藤は、新選組やその後の歴戦についても語ることをしなかった。しかしその最期の姿は武士として、あるいは幕末動乱の渦中を生きた新選組の隊士としての、変わらぬ覚悟と自負の表れであったのかもしれない。

新選組が与えた新時代への影響とは

新しい時代の幕開けに必要不可欠だった忠勤集団

幕末、尊王攘夷派に対して最後まで佐幕派として戦い抜いた集団、新選組。もともとは一介の浪人集団だった彼らは、会津藩お預かりとなってから勤王の志士たちと壮絶な戦いを繰り広げていく。そして彼らの持つ幕府への忠誠心は、当初味方であった薩摩藩をも敵にまわし、やがて薩摩・長州・土佐といった西国勢力との対峙へと発展していく。

しかし、彼らは政治的な思想を抱く集団ではなかった。あくまで江戸の徳川幕府に対する忠誠心から、佐幕派の先鋒として戦ったのである。その象徴となるのが、高名な池田屋事件である。双方に甚大な被害こそ出るのだが、新選組はこのクーデター計画を潰すことに成功した。本来であれば天皇を守った彼らの行為は英雄的な活動をしたことになり、今の時代に語り継がれるはずであった。ところがこの事件を境に薩長・

土佐を中心とする尊王攘夷派との対立は急速に進行していく。

この事件が勃発した背景には水戸学がある。尊王攘夷の思想の原点となったこの学問は、吉田松陰の松下村塾にも影響を与えた。

やがて鳥羽・伏見の戦いが勃発し、幕府側は朝敵へと転落する。佐幕派の新選組はこの戦いにも参加するが、敗走に敗走を重ねる結果となる。

新選組はあくまで刀を手に取り、京都の治安を守る警察組織に近いものだった。治安を乱す浪士を捕縛することこそ、彼らの使命だったのである。いうなれば、実直な配下というのが当時の会津藩から見た彼らの姿なのではないだろうか。しかしこうした時代の流れのなか、政治的な考え方の渦中に身を投じざるを得なくなったことは否めない。

彼らが維新・日本に与えた影響というのは、様々な文献にあるように、思想的なものとしては皆無といっていい。思想的なものを抱いて彼らが戦いに身を投じたわけではない。そこにあったのは、武士らしく主君の命に従い、それを脅かすものを捉えるという単純なものだった。

しかし新しい国をつくるという思想に燃える薩長・土佐が、新選組を坂本龍馬殺害の下手人に仕立て上げたということは、彼らが官軍として旧幕府軍を蹴散らす大義名分、強いては士気の高揚に役立ったことは間違いないはずだ。新しい国づくりを目指した坂本龍馬というヒーローを殺害した犯人のスケープゴートに仕立て上げることが、彼らの足並みを揃えるためには必要なことのひとつだったのだろう。

新選組は政治的組織ではない。彼らが直接的に影響を与えたのではなく、薩長・土佐が奮い立つための導火線的なものであり、思想はともかく、彼らの活躍が伏線となって明治維新の推進があったと思えてならない。当初は彼らの軍事力があったからこそ、旧幕府方はその力を奮うことができたともいえるだろう。

大坂夏の陣を最後に幕府は諸藩の力を削ぐ意味もあって、その兵力を大きく奪い取る。会津戦争に見る松平容保の兵力は５００程度と江戸幕府開幕時と比べるまでもなく縮小されている。そうしたなかで、最大２００名余りにまで膨らんだ新選組の兵力というのは、幕府が京都での地位を確保し続けるためには必要不可欠であり、少なくとも独立した軍事組織であったと考えることができる。直接的な影響こそなかったにせよ、この時代の変換期に彼らは少なくとも旧幕府方の一大勢力として存在したのだ。そしてその力は尊王攘夷派をねじ伏せて睨みをきかせるには、十分だったといえる。

いわば海外諸国から開国を迫られ、浮き足立つ日本のなかで、旗本よりも武士らしく生きた集団であることは間違いない。

刻が過ぎ、歴史的な研究がされるようになった現代。それまで闇のなかに葬られてきた彼らの活躍は、やっと日の目を見ることになった。新選組が明治維新に与えた影響はあまりないのかもしれない。しかし彼らの生き様があったからこそ、明治維新は成功を収め、欧米列強へ対抗できる国へと発展していったのである。

おわりに　最後まで抱き続けた志

徳川家康の開府から徳川慶喜の大政奉還までおよそ260年もの間、日本を治めた江戸幕府。260年間といってもわかりにくいので、現時点から時代をさかのぼって計算してみる。今、2018年から数えると、260年前は西暦1758年。享保の改革で世を治める第八代将軍徳川吉宗の時代だ。歴史書でしか知らない時代から現在まで続いていたことになるから、260年はかなり長い時間ということがわかる。

そもそも、江戸幕府の始まりをいつと捉えるかは諸説あるが、市井の人々にとっては血なまぐさい戦乱の世から一転、「ひとまずは安心して暮らせる世になった」と、さぞ明るい気持ちだっただろうか。そして260年後、日本のあちこちで再び血なまぐさい時代を迎える。そんな時代に、日野で生まれ育った近藤勇と土方歳三、そして沖田総司らの面々は、志を抱き、故郷を発った。そして激動の時代の渦に飲み込まれていくわけだが、浪士組から会津藩お抱えの「新選組」、そしてその終焉まではおよそ6年。京の都を闊歩していた彼らは、「賊軍」として追われる身となる。

幕府の始まりの時期にも諸説あるように、その終わりの時期も様々な捉え方があるが、幕府に忠誠を尽くした彼らには、果たして終わりがあったのだろうか。自らの意思とは反した形で、北へ北へと歩みを進めるしかなかった隊士たち。死を覚悟していただろう。そして近藤勇が処刑された時、土方は何を思ったのだろうか。尽忠報国を第一とした彼らは、最後まで志を曲げることはなかった。そんな生き様は、現代を生きる一般人には到底真似できない。だからこそ、彼らの物語に魅かれるのだ。

明治維新を迎え、幕末の動乱を生き抜いた斉藤一や島田魁、永倉新八は、明治という新しい時代をたくましく生き抜いた。斎藤一は警視局に務め、かつては敵だった新政府の人間となった。そして永倉新八は大正12年に小樽新聞のインタビューに応じ、新選組への再評価が始まるきっかけとなった。かつて刀で戦った隊士たちは、それぞれの形で時代に対応していったのだわけだが、もし、新選組隊士たちが全滅していたら新選組の存在はまた違った形になったのかもしれない。そして永倉新八がインタビューに応じなかったら、子母澤寛の『新選組始末記』も生まれなかっただろう。近藤や土方、そして各地に散った隊士たちの魂は、生き残った元隊士たちによって蘇った。「勝てば官軍、負ければ賊軍」という言葉は、志に命をかけた漢たちの生きた証を忘れてはならないと、今も静かに教えてくれている。

サンエイ新書好評既刊

1
密教の聖地
高野山
その地に眠る偉人たち
上永哲矢
野田伊豆守

歴史上に名を残した多くの偉人との関係を紐解きながら高野山の知られざる一面を紹介。空海によって開基された平安時代から、戦乱の世を経た江戸時代までをたどる。高野山とゆかりの深い人物伝も多数収録！

2
三国志
その終わりと始まり
上永哲矢

後漢王朝の衰退から、激動の群雄割拠を経て、魏呉蜀の三国時代へ。そして晋の天下統一。今なお語り継がれる英雄譚を、陳寿が著した正史『三国志』を基に解説。三国志の舞台の地を訪れたルポルタージュも必読。

3
『古事記』を旅する
神話彷徨
編纂1300年 日本最古の歴史書
時空旅人編集部 編

天武天皇の勅命により編纂された『古事記』。ヤマトコトバで編まれたその神話性を読み解く。出雲神話と日向神話、そしてヤマト神話とゆかりのある地を訪れたルポルタージュでは、今に生きる神話の世界を覗く。

4
［カラー版］古地図で読み解く
城下町の秘密
男の隠れ家編集部 編

古地図を使って全国32カ所の城下町の成り立ちを学べる一冊。地形や町割、町名などの情報から当時の様子を徹底分析。東日本は上田、弘前、仙台、会津若松など、西日本は金沢、大阪、津和野、萩などを紹介。

5
おカネは「使い方」が9割
《生きガネ》を操る実戦心理術
向谷匡史

学歴も偏差値も、カネの前では無意味。ヤクザ、ホスト、政治家、フィクサーなど、1万円を10万円、100万円の価値に高め、その《生きガネ》を使うことで自分を売り込むプロたちの「実戦マネー心理術」。

6
今こそ知りたい
アイヌ
北の大地に生きる人々の歴史と文化
時空旅人編集部 編

北海道を中心に独自の文化を築いてきた先住民族アイヌ。自然や動植物、道具など、あらゆるものをカムイ＝神とする深淵な世界を紹介。さらに歴史も通じて日本の多様性を問う一冊。博物館&資料館ガイド付き。

成立から倒幕まで
長州藩
志士たちの生き様
男の隠れ家編集部 編
長州藩はなぜ明治維新で大きな影響力を持ち得たのか。藩の成り立ちから倒幕までの流れを追いながら、全体像を浮かび上がらせる。また新政府発足から始まった藩閥政治の光と影、幕末人物伝なども収載。
7

語り継ぎたい戦争の真実
太平洋戦争のすべて
日米開戦への道のり
野田伊豆守
日本が太平洋戦争へと踏み切った理由とは？ 真珠湾攻撃に至るまでの日米交渉、開戦後約半年で東南アジア全域を占領した快進撃、ミッドウェー海戦以降の敗戦への道のりなど3年8カ月に及ぶ戦いの全貌に迫る。
8

先人の足跡と名峰の歴史
日本山岳史
男の隠れ家編集部 編
明治初期、日本人の山登りは山岳信仰に基づく「登拝」から純粋な「登山」へと変化した。山の先駆者たちの足跡を追いながら日本アルプスの開山史をたどる一冊。北アルプスの山小屋の歴史と山行記も収録。
9

戦況図解
戊辰戦争
木村幸比古
265年続いた江戸幕府と薩長を中心とする新政府との戦い。鳥羽・伏見から最終戦の函館まで、518日間にわたって繰り広げられた戦いの全貌を、豊富な戦況図で経過を掴みながら理解する戦況図解シリーズ第1弾。
10

ルイス・フロイスが見た
異聞・織田信長
時空旅人編集部 編
宣教師ルイス・フロイスが綴った歴史書『日本史』をもとに、後世の想像ではない生々しいまでの人間・信長の実像に迫った一冊。本能寺の変ルポや、磯田道史氏が語る『日本史』インタビュー収載。
11

「許す」という心をつくる
ひとつだけの習慣
植西 聰
日頃から「許せない」という感情にとらわれることは数多い。しかし、その気持ちを引きずることは、自分の幸せを奪うことに繋がる。「許す」習慣を通してネガティブな感情から解放され、大きな幸福感を得られるコツが満載。
12

サンエイ新書好評既刊

潜伏 キリシタンの真実
時空旅人編集部編

キリスト教の歩みと日本における潜伏キリシタンの謎に迫る。遠藤周作の小説『沈黙』の舞台となった長崎県外海地方や、世界文化遺産の教会などを巡りながら、通史では語られない生の声も収録。

13

戦況図解 西南戦争
原口泉

西郷隆盛はなぜ決起し、いかに散ったのか―?日本最後の内戦の知られざる実像を完全網羅。豊富な戦況図で経過を掴みながら理解するビジュアル解説が大好評の戦況図解シリーズ第2弾。

14

実録!ムショで図太く生きる奴らの悲喜こもごも サラリーマン、刑務所に行く!
影野臣直

一般人にはなかなか知ることがない〝塀の中の暮らし〟とは?服役経験を持つ異色作家によって繰り広げられる悲喜こもごもの日々を臨場感たっぷりに描く。まさに平成版塀の中の懲りない面々?!

15

中国人富裕層のトリセツ 彼らの「心」と「サイフ」を開かせる極意
夏川 浩

ケタ違いの資産を持つ中国人富裕層たちが牽引する「爆買い」はこれから始まる!! わずか7年で150億円ものインバウンド消費を呼び込んだ凄腕コーディネーターが教える「中国人富裕層」という宝の山を掘り当てるための方法とは?

17

時空旅人編集部

「時空旅人」は三栄書房が発行する隔月刊誌。奇数月26日発売。読み応えのある文章と厳選したビジュアルで、読者を遥かな歴史の世界へと誘う。太平洋戦争における日本、聖地・高野山の秘密、三国志と英雄たちの物語など「時」と「空間」にこだわらず、毎号幅広いテーマで挑戦的な特集を続けている。歴史好きだけでなく、誰もが楽しめる歴史雑誌。

執筆者◎野田伊豆守（P10-39、P106-149）、西村裕之（P44-81）、大村仁（P82-101）、奥紀栄（P154-159）魚本拓（P160-195）、相庭泰志（P198-213）、山河宗太（P214-217）
写真◎吉永陽一（P22、P31-35）、John Lee（P155）

新選組
その始まりと終わり

2018年12月25日　初版 第1刷発行

編　者――時空旅人編集部
発行人――星野邦久
発行元――株式会社三栄書房
〒160-8461 東京都新宿区新宿6-27-30
新宿イーストサイドスクエア 7F
TEL:03-6897-4611（販売部）
TEL:048-988-6011（受注センター）
装幀者――丸山雄一郎（SPICE DESIGN）
制　作――株式会社プラネットライツ
印刷製本所――図書印刷株式会社

落丁本・乱丁本は購入書店名を明記のうえ、小社販売部あてにお送りください。
送料は小社負担にてお取り替えいたします。
Printed in Japan ISBN 978-4-7796-3785-8